MARCO ⊕ POLO

VEREINIGTE ARABISCHE EMIRATE

MARCO POLO AUTOR
Manfred Wöbcke
Von unzähligen Reisen in die VAE kennt der Reisejournalist und Psychologe Manfred Wöbcke deren Transformation in hypermoderne Luxuswelten. Bereits vor 20 Jahren faszinierte ihn die Zielstrebigkeit und Schnelligkeit, mit der Dubai und Abu Dhabi ihren Aufstieg vorantrieben. Heute genießt er auf seinen Recherchetouren die Multikulturalität, die hier – wie nirgendwo sonst – gelebt wird.

REIN INS ERLEBEN

Mit dem digitalen Service von MARCO POLO sind Sie noch unbeschwerter unterwegs: Auf den Erlebnistouren zielsicher von A nach B navigieren oder aktuelle Infos abrufen – das und mehr ist nur noch einen Fingertipp entfernt.

Hier geht's lang zu den digitalen Extras:

http://go.marcopolo.de/vae

Touren-App

Ganz einfach orientieren und jederzeit wissen, wo genau Sie gerade sind: Die praktische App zu den Erlebnistouren sorgt dank Offline-Karte und Navigation dafür, dass Sie immer auf dem richtigen Weg sind. Außerdem zeigen Nummern alle empfohlenen Aktivitäten, Genuss-, Kultur- und Shoppingtipps entlang der Tour an.

Update-Service

Immer auf dem neuesten Stand in Ihrer Destination sein: Der Online-Update-Service bietet Ihnen nicht nur aktuelle Tipps und Termine, sondern auch Änderungen von Öffnungszeiten, Preisen oder anderen Angaben zu den Reiseführerinhalten. Einfach als PDF ausdrucken oder für Smartphone, Tablet oder E-Reader herunterladen.

HTTP://GO.MARCOPOLO.DE/VAE

6	**INSIDER-TIPPS** Von allen Insider-Tipps finden Sie hier die 15 besten		
8	**BEST OF …** ● Tolle Orte zum Nulltarif ● Typisch Emirate ● Schön, wenn es zu heiß ist ● Entspannt zurücklehnen		

12	**AUFTAKT** Entdecken Sie die Vereinigten Arabischen Emirate!
18	**IM TREND** In den VAE gibt es viel Neues zu entdecken
20	**FAKTEN, MENSCHEN & NEWS** Hintergrundinformationen zu den Vereinigten Arabischen Emiraten
26	**ESSEN & TRINKEN** Das Wichtigste zu allen kulinarischen Themen
30	**EINKAUFEN** Shoppingspaß und Bummelfreuden

32	**ABU DHABI** 33 Abu-Dhabi-Stadt 44 Al-Ain
50	**DUBAI** 51 Dubai-Stadt

60	**SHARJAH** 61 Sharjah-Stadt
72	**AJMAN & UMM AL-QAIWAIN** 73 Ajman 75 Umm Al-Qaiwain

SYMBOLE

INSIDER TIPP Insider-Tipp
★ Highlight
●●●● Best of …
☼ Schöne Aussicht
🌿 Grün & fair: für ökologische oder faire Aspekte
(*) kostenpflichtige Telefonnummer

PREISKATEGORIEN HOTELS

€€€ über 180 Euro
€€ 100–180 Euro
€ bis 100 Euro

Preise für ein Doppelzimmer mit Steuern, aber ohne Frühstück

PREISKATEGORIEN RESTAURANTS

€€€ über 25 Euro
€€ 12–25 Euro
€ bis 12 Euro

Preise für ein typisches Tellergericht, ohne Getränke

INHALT

78 RAS AL-KHAIMAH
79 Ras-Al-Khaimah-Stadt

86 FUJAIRAH & OSTKÜSTE
88 Fujairah-Stadt

94 ERLEBNISTOUREN
94 Die Vereinigten Arabischen Emirate perfekt im Überblick
98 Von Sharjah zum Golf von Oman 101 Von Dubai nach Abu Dhabi und Al-Ain 104 Von Abu Dhabi zu den Liwa-Oasen

106 SPORT & WELLNESS
Aktivitäten und Verwöhnprogramme zu jeder Jahreszeit

110 MIT KINDERN UNTERWEGS
Die besten Ideen für Kinder

114 EVENTS, FESTE & MEHR
Alle Termine auf einen Blick

116 LINKS, BLOGS, APPS & CO.
Zur Vorbereitung und vor Ort

118 PRAKTISCHE HINWEISE
Von A bis Z

124 SPRACHFÜHRER

128 REISEATLAS

138 REGISTER & IMPRESSUM

140 BLOSS NICHT!

GUT ZU WISSEN
Geschichtstabelle → S. 14
Spezialitäten → S. 28
Bücher & Filme → S. 43
Festivals in Abu Dhabi → S. 48
Mangrovenwald → S. 70
Feiertage → S. 115
Was kostet wie viel? → S. 120
Währungsrechner → S. 121
Wetter → S. 122

KARTEN IM BAND
(130 A1) Seitenzahlen und Koordinaten verweisen auf den Reiseatlas
(0) Ort/Adresse liegt außerhalb des Kartenausschnitts
Es sind auch die Objekte mit Koordinaten versehen, die nicht im Reiseatlas stehen

(📙 A1) verweist auf die herausnehmbare Faltkarte

UMSCHLAG VORN:
Die wichtigsten Highlights

UMSCHLAG HINTEN:
Karten zu Abu-Dhabi-, Dubai-, Fujairah- und Sharjah-Stadt

Die besten MARCO POLO Insider-Tipps

Von allen Insider-Tipps finden Sie hier die 15 besten

INSIDER TIPP Im alten Hafen von Abu Dhabi
Alles auf einmal im *Dhow Harbour:* Restaurantschiffe und Fischerboote, Souks und ein Fischmarkt → S. 36

INSIDER TIPP Zukunftsinsel – so soll sie einmal aussehen
Modelle der Insel *Saadiyat* im Kulturzentrum Manarat al-Saadiyat zeigen Zukunftsvisionen berühmter Architekten → S. 38

INSIDER TIPP Kamelrennen in der Wüste
Es riecht streng nach Kamel und die Umgangssprache ist Arabisch: Wenn Einheimische und arabische Gastarbeiter ihre Lieblingstiere anfeuern, steigen die Spannung und der Teekonsum (Foto o.) → S. 77

INSIDER TIPP Kunst im Fort
In einer Oase von Al-Ain hat sich ein hervorragend restauriertes Fort zum *Al-Quattara Arts Centre* für einheimische Künstler entwickelt → S. 46

INSIDER TIPP Ein Haus für die Kunst des Schönschreibens
Typisch Sharjah: ein besonders prächtiges Museum des kunstsinnigen Emirats ist der Kalligraphie gewidmet; es liegt in der orientalischen Welt der Altstadt → S. 66

INSIDER TIPP Cruisen bei Dämmerung
Eine Fahrt mit der arabischen Dhau *Al-Dhafra* entlang der Küste von Abu Dhabi ist am Abend besonders schön – schlemmen inklusive → S. 41

INSIDER TIPP Fisch beim Libanesen
Im *Golden Sail Seafood Restaurant* in Abu-Dhabi-Stadt gibt es Dutzende Sorten frischen Fisch, sogar in (sonst eher seltener) emiratischer Zubereitung → S. 39

INSIDER TIPP Am Indischen Ozean
Kurz vor der omanischen Grenze liegt am Strand in Kalba das hübsche und noch dazu preiswerte *Breeze Motel,* gut geeignet für Individualreisende → S. 90

INSIDER TIPP **Ein Ausflug in omanische Fjorde**
Eine abenteuerliche Bootstour mit der arabischen Dhau in *Musandam* (Foto u.) → S. 93

INSIDER TIPP **Ein alter Seefahrer**
Das *Museum von Ahmed Bin Majid* liegt versteckt in Ras al-Khaimah → S. 81

INSIDER TIPP **Bibliophiles Wunderland**
Book World *Kinokinuya* heißt der über 6000 m² große Buchladen in der Dubai Mall. Eine halbe Million Buchtitel aus so gut wie allen Interessengebieten – das muss man gesehen haben → S. 55

INSIDER TIPP **Aloo Gobi und Palak Paneer**
In den kleinen indischen Restaurants der VAE schmeckt es wie in Delhi. Lieblingsadresse vieler Einheimischer: das *India Palace* in Abu Dhabi, wo man authentisch zubereitete indische Speisen zu einem sehr günstigen Preis serviert → S. 39

INSIDER TIPP **Schatzkiste für orientalische Stoffe und Souvenirs**
Koriander und Zimt aus Jutesäcken, Brokat und bedruckte Baumwolle, Kamelstofftiere für die Kinder und Sitzkissen im Beduinen-Stil: Viel schöner als in der modernen, klimatisierten Shoppingmall kauft man in den kleinen Shops des historischen *Souk al-Arsah* in Sharjah ein → S. 68

INSIDER TIPP **Himmel über der Wüste**
Zwischen dem Jebel Hafeet, einem sich aus der Wüste erhebenden Gebirge, und den bis zu 100 m hohen Sanddünen um Al-Ain ist die Landschaft besonders reizvoll für eine Tour mit dem *Heißluftballon*. Sogar Gazellen und Kamele können beobachtet werden → S. 41

INSIDER TIPP **Ein „echter" Souk**
Der *Souk Al-Zaafarana* in Al-Ain wendet sich an Einheimische und erfüllt deren Wünsche. Deshalb finden Sie hier auch die richtig guten Datteln → S. 48

BEST OF ...

TOLLE ORTE ZUM NULLTARIF
Neues entdecken und den Geldbeutel schonen

SPAREN

● *Farbenprächtige Unterwasserwelt*
Schwärme von farbenfrohen Südseefischen, elegant dahinschwebende Rochen – vielerorts zahlen Sie ein kleines Vermögen, wenn Sie in die schillernde Unterwasserwelt eintauchen möchten. Der Blick durch die riesige Glasscheibe des *Dubai Aquariums* im Erdgeschoss der Dubai Mall kostet keinen Dirham (Foto) → S. 55

● *Ausblick aus schwindelnden Höhen*
Ein Blick von der Aussichtsplattform des Burj Khalifa kostet 300 Dirham; aus der Bar *Neos* in der 63. Etage des Hotels „The Address" ist der Blick ähnlich, aber kostenlos – Sie zahlen nur Ihren Drink → S. 57

● *Baukunst als Verehrung Allahs*
Auch als Nicht-Muslim haben Sie freien Zutritt zur *Sheikh Zayed Grand Mosque* in Abu Dhabi, einer Moschee, die fast ein architektonisches Weltwunder ist und mit ihren gigantischen Dimensionen und ihrer Prachtentfaltung jedem Besucher den Atem raubt → S. 38

● *Wasserfontänen musikalisch inszeniert*
Zwischen Palästen im altarabischen Stil schießen Dutzende von *Wasserfontänen* in den Himmel, dazu erklingt klassische Musik. Erleben Sie dieses kostenlose Spektakel in Dubai am besten nach Einbruch der Dunkelheit – mit einer prächtigen Lichtinszenierung! → S. 53

● *Stadtrundfahrt der anderen Art*
Kostenlose Shoppingbusse der *Dubai Mall* verkehren von diversen Stadtteilen zur Mall und zurück – einfach an den Haltestellen warten, den Bus besteigen, und los geht die improvisierte Stadtrundfahrt → S. 57

● *Kamel zu verkaufen*
Auf dem *Kamelmarkt* von Al-Ain, dem letzten seiner Art in den Arabischen Emiraten, schnuppert man authentische altarabische Atmosphäre. Neben Tieren, die als Fleisch- und Milchlieferant verkauft werden, sieht man auch junge Kamele, Ziegen und Schafe → S. 46

●●●● Diese Punkte zeichnen in den folgenden Kapiteln die Best-of-Hinweise aus

TYPISCH EMIRATE
Das erleben Sie nur hier

● *Kaufrausch auf hohem Niveau*
Vier Wochen dreht sich alles ums Einkaufen: Beim jährlichen *Dubai Shopping Festival* gibt es gewaltige Rabatte, Feuerwerk und ein kulturelles Beiprogramm → S. 114

● *Emiratische Küche*
Im Restaurant *Al-Asalah* neben dem Heritage Village von Abu Dhabi lernen Sie nicht nur die Vielfalt der arabischen Küche kennen, sondern auch einige typische emiratische Gerichte → S. 39

● *Arabesken auf den Händen*
In den VAE schätzen Frauen seit Jahrhunderten die Kunst der zeitweisen Tätowierung mit Henna. Lassen auch Sie sich verschönern: in einem der vielen kleine Hennastudios, etwa im prächtigen *Souk Madinat Jumeirah* in Dubai → S. 56

● *Einkaufen im Souk*
Basmatireis in gewaltigen Säcken, Zimtstangen, Kardamom und exotische Duftöle: Hier wird das Riechen zum Erlebnis! Und das Feilschen um den besten Preis ist Teil des Vergnügens, wenn Sie durch die Gassen des *Gewürz-Souks* in Dubai bummeln → S. 55

● *Dünen und Kamele*
Besonders am Wochenende herrscht Betrieb an den rot-golden schimmernden Sanddünen *Big Red:* Tun Sie es bitte nicht manchen Einheimischen gleich, die mit dem Quad über die Sandberge düsen, sondern reiten Sie lieber gemächlich auf einem Kamel → S. 59

● *Zwischen Dattelpalmen und Falaj-Kanälen*
Ein Spaziergang in der von Palmen beschatteten und von Mauern umgebenen *Oase Al-Ain* führt Sie an üppigen Plantagen und historischen Falaj-Kanälen entlang, in denen das in den Bergen entspringende Wasser zu den Feldern geleitet wird (Foto) → S. 46

● *Ein Fort in Fujairah*
Eine aus Lehmziegeln errichtete Burg thront in der zerfallenen Altstadt und nimmt Sie mit in die Vergangenheit. Wachtürme, Zinnen und Verteidigungsanlagen sowie zahlreiche Versammlungsräume haben die stürmischen geschichtlichen Epochen überlebt → S. 88

BEST OF ...

SCHÖN, WENN ES ZU HEISS IST
Aktivitäten, die Laune machen

● *Shopping XXL*
Gigantisch groß und außergewöhnlich luxuriös: In der klimatisierten *Dubai Mall* sind die berühmtesten Designer, arabische Modemacher, die teuersten Juweliere und viele andere vertreten – ins Schwitzen geraten Sie nur beim Zücken Ihrer Kreditkarte (Foto) → S. 55

● *Zünftige Abfahrten*
Warm anziehen müssen Sie sich in Dubais *Indoor-Skiarena:* Hier schneit es das ganze Jahr über – die Ski- und Rodelmöglichkeiten sind deshalb ausgezeichnet. Neulinge auf den Brettern können sogar einen Skilehrer anheuern → S. 56

● *Marina Mall*
Mit ihrer Architektur und der Lage mit Blick auf die Skyline von Abu Dhabi gehört die *Marina Mall* zu den beliebtesten Shopping-Tempeln des Emirats. Starten Sie in der oberen Etage in einem der Cafés, im Untergeschoss gibt es Stoffe, Tücher und Schmuck → S. 40

● *Unter Hammerhaien und Rochen*
Erfrischend wirkt bereits der Blick auf die in prächtig gestalteten Unterwasserwelten umherschwimmenden Meeresbewohner. Sharjahs aufwendig konstruierte *Aquarien* laden zum Verweilen ein → S. 66

● *Inmitten von Gold und Marmor*
Angenehme Kühle herrscht in den kilometerlangen prachtvollen Gängen des Hotels *Emirates Palace* in Abu Dhabi. Bringen Sie Zeit mit, um sich die mit Blattgold verzierten Wände, die Kuppeln und die luxuriösen Geschäfte anzuschauen und im Café Tee zu trinken → S. 36

● *Museum im Fort*
Das *National Museum of Ras al-Khaimah,* ein Fort und eines der wenigen historischen Bauwerke, die aufs Beste restauriert wurden, entführt Sie in die arabische Vergangenheit → S. 81

WETTER

ENTSPANNT ZURÜCKLEHNEN
Durchatmen, genießen und verwöhnen lassen

● *Nachmittagstee gegenüber der Märchen-Moschee*
Nehmen Sie Platz auf der *Terrasse* des edel-schönen Hotels Shangri-La in Abu Dhabi. Wenn sich vor Ihnen in der Lagune die Silhouette der schneeweißen, von Kuppeln gekrönten Sheikh-Zayed-Moschee spiegelt, fühlen Sie sich in eine Welt aus 1001 Nacht versetzt → S. 41

● *Unter der Kuppel des Hammam*
Das *Royal Mirage* gehört zu Dubais prächtigsten Adressen. Sein vorzügliches Spa steht auch Nicht-Hotelgästen offen. Lassen Sie sich mit einer typisch marokkanischen Peeling-Behandlung verwöhnen → S. 58

● *Pause im Waterbus*
Erschöpft vom Sightseeing in Dubai? Wie wär's mit einer *Waterbus-Tour?* Sie steigen beim Heritage Village ein, legen die Füße hoch und genießen das bunte Treiben auf dem Creek. 25 Minuten später gehen Sie beim Anleger Seef erholt und frisch von Bord → S. 57

● *In der Ruhe der Wüste*
Machen Sie sich auf den Weg zu den nur zwei Stunden Fahrtzeit von Abu Dhabi entfernten Liwa-Oasen, einer Ansammlung von Dörfern, umgeben von weißen Sanddünen. Im luxuriös-rustikalen Hotel *Qasr al-Sarab* können Sie durchatmen und mit Freude der Stille der Wüste lauschen (Foto) → S. 44

● *Six Senses at Zighy Bay*
Das Spa ist mit seinen Wasserläufen, plätschernden Brunnen, gekalkten Wänden und dem Dampfbad – unter einer gewaltigen Kuppel im Stil historischer Hamams – eine wunderbare Kulisse zum Entspannen. Dazu kommen versiertes Personal und eine Vielzahl von ganzheitlichen Wellnessbehandlungen → S. 93

● *Riesenrad über Sharjah*
Nach einem Spaziergang am künstlichen Kanal von Qanat al-Qasba lehnen Sie sich in einer der klimatisierten Glaskabinen des *Eye of the Emirates* entspannt zurück und erfreuen sich am grandiosen Ausblick → S. 64

AUFTAKT

ENTDECKEN SIE DIE VEREINIGTEN ARABISCHEN EMIRATE!

Glückliches Arabien! Sand und Sonne hatten die Länder im Südosten der Arabischen Halbinsel schon immer im Überfluss, seit den 1960er-Jahren auch Erdöl und damit den Zauberstab, ihre Welt neu zu erschaffen. Keine Fata Morgana: Wo gestern noch Sand den Boden bedeckte, spiegelt sich heute der Himmel in Teichen und Seen, bedeckt Rasen die Hügel, erheben sich Bauwerke von *anspruchsvoller Architektur*, entstehen *künstliche Inseln* vor der Küste. Computer steuern die Bewässerung ungezählter tropischer Pflanzen, mächtige Dattelpalmen wurden entlang der Stadtautobahnen gepflanzt, gepflegt von Hundertschaften penibel arbeitender Gärtner aus Asien.

Neben den *traditionellen Souks*, Basargassen voll exotischer Gerüche und fremder Waren, durchstreift man die zahlreichen *luxuriösen Shoppingmalls*, die auch aufgrund ihrer Architektur die Besucher aus aller Welt zum Staunen bringen. Urlaubsträume vom Leben unter ständiger Sonne erfüllen sich an den hellen Sandstränden der Hotels. Und zur Abwechslung begibt man sich auf Entdeckungstour in die Wüste, wo Kamele und Antilopen leben, in *restaurierte Altstädte* und zu den Weltwundern des 21. Jhs.

Bild: Wüstendünen in Abu Dhabi

Nach der Vereinigung der Emirate 1971 fanden die sieben Herrscher (Emire) zu einer gemeinsamen Außen-, Verteidigungs- und Wirtschaftspolitik, doch sind die einzelnen Emirate weitgehend autonom. Abu Dhabi und Dubai entwickelten sich mit dem Ölboom zu hypermodernen Metropolen. Für die Zeit nach dem Erdöl – in Dubai beginnt sie in 20 bis 40 Jahren, in Abu Dhabi erst in 100 Jahren – wird heute bereits vorgesorgt und die Wirtschaft diversifiziert. Vor allem der Tourismus gehört für die Vereinigten Arabischen Emirate (VAE) zu einer geschätzten Einnahmequelle.

Einnahmequelle nach dem Öl: der Tourismus

Angesichts der Gesamtfläche der VAE von nur 86 000 km² kommt man schnell von einem Emirat zum anderen. Von Abu Dhabi nach Dubai sind es 140 km, ins nördlichste Emirat Ras al-Khaimah nur 90 km weiter. Breite Autobahnen führen durch den Wüstensand und bringen Sie etwa nach Dubai, ins 3900 km² große Scheichtum, das die Welt in Atem hält. Ganze Wohnviertel sind im Sand entstanden, Bauwerke, die nach Rekorden jagen. Vom Wachstum ohne Grenzen künden die vor der Küste entstehenden künstlichen Inseln, mit teuren Hotels und Ferienvillen der Superreichen. Die zweitgrößte Shoppingmall der Welt, das höchste Bauwerk der Erde, gewaltige *künstliche Yachthäfen*, umgeben von einer Skyline aus Hochhäusern und Wolkenkratzern – jeder Besuch in Dubai offenbart neue Superlative. Umwelt- und Klimaschutz waren lange Zeit kein Thema, doch kann seit ein paar Jahren ein Wandel beobachtet werden. *Ökoprojekte*, anfangs wohl eher aus Imagegründen als aus Überzeugung initiiert, schaffen langsam so etwas wie ein Umweltbewusstsein.

Das höchste Gebäude der Welt, die zweitgrößte Shoppingmall

Nostalgiker zieht es zum Creek, den durch Dubai fließenden Meeresarm. Wie seit Jahrzehnten üblich, setzt man heute noch in *offenen Lastkähnen*, laut und nach Diesel riechend, zum anderen Ufer hinüber, umgeben von Indern und Pakistanis. Auf der Bur-Dubai-Seite taucht man ein in das Gewirr von engen Gassen zwischen *imposanten Handelshäusern*. Auch hier ist vieles schöner Schein, denn das historische Viertel wurde mit großem Aufwand restauriert, damit es sich schick und sauber, sozusagen als „Bilderbuch-Arabien" präsentiert.

570–632 Mohammed, Allahs Prophet. Mit seiner Flucht von Mekka nach Medina (622) beginnt die islamische Zeitrechnung

1507–1650 Die Küste des Persischen Golfs steht unter portugiesischer Herrschaft

18. Jh. Beduinen siedeln an der Küste des Persischen Golfs

19. Jh. Die Scheichtümer im Süden des Golfs werden in Europa als „Piratenküste" bekannt; Großbritannien schließt 1835 Protektoratsverträge mit den Emiraten, unterbindet die Piraterie und bestimmt die Außenpolitik

AUFTAKT

Das Angebot im Gold Souk von Dubai ist im doppelten Wortsinn glänzend

Nur in den Museen sind sie noch zu betrachten, die vergilbenden Schwarz-Weiß-Bilder der **Epoche vor dem Erdölboom**: staubige Straßen, Windturmhäuser aus Korallenstein, Scheich Rashid Bin Saeed al-Maktoum, Tee trinkend, auf einem Kamel oder bei der Falkenjagd. Bilder der Vergangenheit. Dann der Wandel: 1958 wurde das Öl entdeckt, die Welt hofierte den Beduinenherrscher, der die Ölmilliarden dazu verwandte, aus dem kleinen Handelshafen Dubai die am schnellsten wachsende Metropole der Welt zu machen und seinen Untertanen ein **Leben in Luxus** zu bereiten. Während der internationalen Finanzkrise sanken auch hier die Preise für Immobilien, viele Baustellen lagen Ende 2015 noch brach, etwa die auf Palm Jebel Ali und The World.

Vom Wunsch nach „höher, teurer, spektakulärer" ist auch Abu Dhabi besessen. Das von seinen Öleinnahmen her reichste der Emirate schenkte seinen Bürgern die gewaltige Scheich-Zayed-Moschee, einen orientalischen Traum aus Marmor und Gold, an

1958 Erdölfunde in Abu Dhabi, danach in Dubai

1970 Großbritannien verlässt die Region am Arabischen Golf

1971 Die Emirate Abu Dhabi, Dubai, Sharjah, Ajman, Umm al-Qaiwain, Fujairah und (1972) Ras al-Khaimah schließen sich zu den Vereinigten Arabischen Emiraten (VAE) zusammen

2004 Abu Dhabis Herrscher und erster Präsident der VAE (seit 1972), Sheikh Zayed Bin Sultan al-Nahyan, stirbt. Nachfolger in beiden Ämtern wird sein Sohn Sheikh Khalifa Bin Zayed

dem zehn Jahre gebaut wurde, oder das Hotel Emirates Palace, das in seiner Pracht an ein arabisches Versailles erinnert. Gegenwärtig bauen bekannte Architekten auf der „Insel der Glückseligkeit" gleich mehrere Museen.

Sharjah, dessen Hauptstadt nur 15 km von Dubai entfernt liegt, ist das drittgrößte der Emirate und hat sich in den letzten Jahren als *einzigartige Kulturmetropole* der arabischen Welt einen Namen gemacht. So besticht die Hauptstadt durch vorzüglich restaurierte, traditionsreiche Paläste, hervorragende Museen und Galerien – und ist nicht von ungefähr zur islamischen Kulturhauptstadt 2014 ernannt worden. Da Sharjah nur über geringe Ölvorkommen verfügt, setzte man bereits in den 1970er-Jahren auf den Ausbau des Tourismus.

Weniger glamourös: die Emirate ohne Öl

Eine Spur bescheidener nehmen sich dagegen die Projekte und Zukunftsvisionen der anderen vier Scheichtümer der VAE aus: Ajman, Fujairah, Umm al-Qaiwain und Ras al-Khaimah sind die Emirate, in denen man auf der Suche nach Öl noch nicht fündig geworden ist. Hier geht es deutlich weniger glamourös und modern zu als in Dubai oder Abu Dhabi, die Vergangenheit ist noch spürbar: Zahlreiche Menschen leben hier traditionell noch von *Landwirtschaft und Fischerei*, die Orte zeigen zum Teil noch ein arabisches Erscheinungsbild. Die vier öllosen Emirate hängen von der finanziellen Unterstützung durch Abu Dhabi, Dubai und dem Haushalt der VAE ab. Doch ermöglicht der Reichtum Abu Dhabis die Entwicklung ihrer Infrastruktur mit einigen spektakulären Bauprojekten. Mit der Eröffnung hervorragender 5-Sterne-Hotels ziehen die Emirate Besucher an, die die insgesamt niedrigeren Preise und die *entspannte Atmosphäre* schätzen. Wichtiges touristisches Kapital sind die phantastischen Sandstrände in Ras al-Khaimah und Fujairah sowie das majestätische Hajar-Gebirge.

Damals wie heute: Den Scheichdynastien gehört das Land und deshalb auch das Öl. An ihrem Reichtum lassen die Herrscher das Volk großzügig teilhaben. Jungen Eheleuten schenkt man Haus und Grund, Wasser und Strom, vergibt zinslose Kredite. Bildung, Ausbildung, Altersversorgung und Renten bezahlt der Staat. Pro-Kopf-Einkommen und Lebensstandard gehören zu den höchsten der Welt. Vielleicht mag es daran liegen, dass der Arabische Frühling Anfang 2011 in den VAE kein Nachspiel hatte. Nur

2006 Dubais Herrscher Sheikh Maktoum stirbt. Nachfolger wird sein Bruder Mohammed Bin Rashid al-Maktoum – er wird damit auch Ministerpräsident der VAE

2009 Die weltweite Finanz- und Wirtschaftskrise erreicht auch die VAE

2010 Der Burj Dubai wird in Burj Khalifa umbenannt: Anerkennung für Sheikh Khalifa bin Zayed für seine Hilfe in der Finanzkrise

2016 Umweltschutz: Bis Jahresende sollen alle Geländelimousinen (SUV) aus den VAE verschwinden

AUFTAKT

in zwei Nachbarstaaten, Jemen und Bahrain, waren die Proteste heftiger; in Bahrain marschierten zur Unterstützung des Königs saudische und emiratische Truppen ein, und die Situation beruhigte sich.

Der himmelstrebende Burj Khalifa in Dubai ist mit 828 m das höchste Gebäude der Welt

Für Europäer ist die Region schnell erreicht: Nach rund sechs Flugstunden landet man in der ewigen Sonne, genießt weite Strände, das Wasser des Arabischen Golfs wie des Indischen Ozeans, hervorragenden Service und luxuriöse Hotels, Abenteuer zwischen Wüstensand und Meeresstrand. Auf den ersten Blick unterscheiden sich die **kosmopolitischen Großstädte** immer weniger von ihren westlichen Vorbildern. Ein Eindruck, der täuscht, denn in der hypermodernen Umgebung werden **arabischer Lebensstil und Traditionen** gepflegt. Der Moscheebesuch strukturiert nach wie vor das Leben der Einheimischen, Kamelrennen und Falkenjagd sind – neben Shopping und Luxuskarossen – die beliebtesten Hobbys.

Die VAE verlocken zum Reisen, zum Unterwegssein: Auf eigene Faust durch einsame Wüstenlandschaften zu chauffieren ist angesichts der hervorragenden Straßen ein Kinderspiel. Vorsicht ist höchstens geboten angesichts der Dromedare,

> **Shopping und Luxus neben Falkenjagd und Kamelrennen**

die hin und wieder die Seiten wechseln. Organisierte Touren führen in eine Landschaft aus meterhohen, im Licht **gelb und rot schimmernden Sanddünen**. In der Morgensonne flimmern die Hajar-Berge. Eine grandiose Szenerie – unverändert schön seit Jahrtausenden. Unverändert ist auch die Gastfreundschaft, ein Grundpfeiler arabischen Lebens.

IM TREND

1 After Dark

Nachtgolf Die pralle Sonne verdonnert oftmals zum Nichtstun. Nach Sonnenuntergang werden die Locals dann aktiv. Beispielsweise beim Golfen. Dank Flutlicht können Sie auch nachts auf dem Platz des *Sharjah Golf and Shooting Club (Dhaid Road | Sharjah | www.golfandshootingshj.com)* und dem *Al Hamra Golf Club (Al Hamra Village | Ras Al-Khaimah | www.alhamragolf.com)* einlochen. Abschläge trainieren Sie nach Sonnenuntergang auf der Driving Range des *Arabian Ranches Golf Club (Arabian Ranch | 311 Emirates Road | Dubai | www.arabianranchesgolfdubai.com) (Foto)*.

2 Modisch

Noch mal mit Pep Die Modedesigner der Region bringen frischen Wind in alte Schnitte. *Rabia Zargarpur (www.rabiaz.com)* schneidert fließende Roben, die Muslima und Fashionistas gleichermaßen gerecht werden. *Huda Al-Nuaimi (www.malaak.ae)* gibt der Abaya eine moderne Form. *Zareena Yousif (Zabeel House | Zabeel Road | Dubai | www.zareena.co) (Foto)* integriert kunstvolle Stickereien in ihre Entwürfe.

3 Ausgefallen

Neue Architektur Noch ist der Trend zum Monumentalen nicht vorbei (höher als der Burj Khalifa, größer als die Mall of Arabia), doch schon kündigt sich ein neuer an: je bizarrer die Bauwerke, desto besser. Schiefer als der schiefe Turm von Pisa ist das *Abu Dhabi Capital Gate*, ein weiter Hingucker in Abu Dhabi ist das flache, kreisrunde *Aldar HQ Building*, das an eine gigantische Frisbeescheibe erinnert, und fragen Sie in der Stadt nach einem Gebäude, das wie eine Ananas (pineapple) aussieht – jeder weiß sofort Bescheid.

In den VAE gibt es viel Neues zu entdecken. Das Spannendste auf diesen Seiten

Gute Nacht

Nachtleben Auch in den Emiraten ist die Nacht nicht nur zum Schlafen da. Vor allem die Einwanderer sorgen für ein immer bunter werdendes Nachtleben. Während Dubai schon einiges zu bieten hat, ziehen die anderen Emirate erst langsam nach. In Dubai ist die *Buddha Bar (Hotel Grosvenor House | Al-Sufouh Road | www.grosvenorhouse-dubai.com)* der In-Treff schlechthin. Hier sind die Chancen auch groß, den einen oder anderen Promi zu sehen. In Abu Dhabi ist das *Sax (Le Royal Méridien) (Foto)* die angesagte Anlaufstelle, und auch in Fujairah wird abends etwas geboten: in der *Fez Bar (Al Ghurfa)* im Hilton, wo regelmäßig Konzerte stattfinden.

Typisch?

Fotografie Für westliche Augen haben die Kunstwerke noch einen arabischen Look. Die Kreativen der Region machen sich aber frei von Kitschmotiven mit Kamelen und Sanddünen. Sie lassen sich von der Welt inspirieren und werfen einen neuen Blick auf ihre arabische Heimat. So wie Lateefa bint Maktoum, die in Dubai lebt, aber international erfolgreich ist. Ihre Fotos beeindrucken mit farbenfroh gekleideten Menschen inmitten von weiten Landschaften *(www.lateefabintmaktoum.com)*. Lamia Gargash hält ihre Heimat ebenfalls mit der Kamera fest. So dokumentiert sie traditionelle Baustile und Innenansichten von Wohnhäusern ebenso wie moderne Architektur *(www.lamiagargash.com)*. Hind Mezaina besticht mit Aufnahmen in Low-Tech-Optik. Sie fotografiert mit ihrer Lomo-Kamera alles, vom Wasserfall bis zur Sanddüne *(hindmezaina.com)*. Eine herausragende Galerie, die Fotokunst zeigt, ist *The Third Line (Street 6 | Al-Quoz 3 | Dubai | www.thethirdline.com)*.

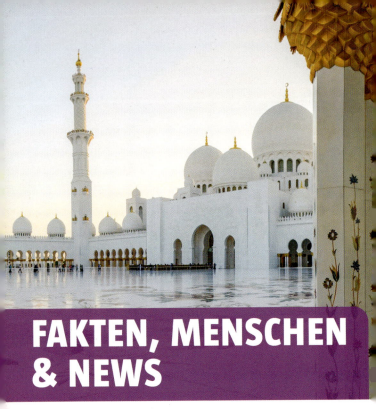

Bild: Abu Dhabi, Skeikh Zayed Grand Mosque

FAKTEN, MENSCHEN & NEWS

BEVÖLKERUNG

Von den 9,4 Mio. Bewohnern der VAE sind nur 1,4 Mio. Einheimische, sogenannte *locals* oder *nationals*. 85 Prozent der Bevölkerung, in Dubai 90 Prozent, sind Ausländer – Gastarbeiter oder *expatriates* –, das ist Weltrekord. Der kometenhafte wirtschaftliche Aufstieg von Beduinensiedlungen zu Weltmetropolen war nur durch Gastarbeiter möglich, die ihr Know-how und ihre Arbeitskraft zur Verfügung stellten. Die Mehrzahl stammt aus Indien, Pakistan, Sri Lanka, den Philippinen, Thailand, Bangladesch oder anderen arabischen Ländern. Da nur Gastarbeiter mit höherem Einkommen für ihre Familien Aufenthaltsrecht in den VAE bekommen, sind mehr als drei Viertel der Bevölkerung männlich.

DATTELN

Ein Glas Tee und eine Handvoll Datteln gelten in den VAE nach wie vor als klassischer Willkommensgruß für Gäste. Kein Wunder, dass jedes Hotel beim Frühstücksbuffet seinen Gästen die gesunden Früchte anbietet. Die goldbraunen Datteln, die zu zwei Dritteln aus Zucker bestehen, die wichtigsten Mineralien und Vitamine enthalten, darüber hinaus noch verdauungsfördernde Fasern, schmecken frisch am besten, sind aber auch getrocknet noch nach einem Jahr sehr gut. Dutzende von Dattelarten sind in den VAE bekannt, die größten werden mit Marzipan oder Mandeln gefüllt, in Seidenpapier gehüllt und in Holzschatullen oder Pralinenkisten verpackt – und eignen sich so gut als Mitbringsel.

Falken über der Wüste, Expatriates und Locals, Wasserpfeifen und Kamelrennen – Wissenswertes aus der arabischen Welt

Dattelpalmen sieht man in den VAE nicht nur in den Oasen, sondern auch im Stadtbild. Die „Bäume des Lebens" schätzt man von jeher, weil sie so vielfältig nutzbar sind, denn sie spenden nicht nur Schatten. Der Stamm dient als Bau- oder Brennholz, mit Palmwedeln baute man Wände und Dach der Hütte, aus Palmblättern flicht man Körbe und Matten, aus ihren Fasern dreht man Seile. Erst nach etwa acht Jahren trägt die Palme Früchte und erreicht erst nach zwei Jahrzehnten ihre volle Tragfähigkeit.

DHAU

Das traditionelle arabische Boot wird noch in Handarbeit gebaut. Der Begriff Dhau (englisch: *dhow*) wurde von den Europäern für die ihnen alle gleich erscheinenden arabischen Segelboote eingeführt und bezeichnet auf der Arabischen Halbinsel ein traditionelles Boot, mit dem seit Jahrhunderten Fischfang, Perlentaucherei und Handel getrieben wird. Obwohl heute von einem Motor und nicht mehr per Segel vorwärtsbewegt, sind Form und Aussehen, Material und Fertigung gleich geblieben. Das Holz – meist indisches Hartholz (z. B. Teak) – muss importiert werden. Es wird nicht mehr von Sisal, sondern von Nägeln zusammengehalten. Es gibt unterschiedliche Bootstypen, von denen der Sambuk mit eckigem Heck der häufigste ist; weitere Arten sind z. B. Boom und Ghanja. Die Araber benutzen den Begriff Dhau nicht, sie nennen die Boote nach ihrem Typ. Trotz Fortschritt und Modernität: Wie Kamele und Falken gehören die altertümlichen Boote zur Tradition der Emirate, an der die *nationals* sehr hängen.

FALAJ

Die Wüste lebt, auch auf der Arabischen Halbinsel, wo seit Jahrhunderten Landwirtschaft betrieben wird. Lebenswichtig war die Kunst, das kostbare Wasser über Kilometer hinweg zu Palmenhainen und Gemüsefeldern zu transportieren. Die ältesten dieser in Stein geschlagenen und aus äußerst haltbarem Zement geformten Kanäle, *falaj* genannt, sind über 2500 Jahre alt. In den Emiraten wird dieses Bewässerungssystem zum Teil noch heute genutzt, zu sehen in Al-Ain, Al-Dhaid, Wadi Hatta und Buraimi. In den Heritage-Dörfern von Abu Dhabi und Dubai gibt es zudem Nachbildungen antiker Falaj-Systeme.

FALKEN

Der Falke ist das Wappentier der VAE. Falken werden mehrere Monate von erfahrenen Falknern abgerichtet. Ist der Raubvogel an Menschen gewöhnt und kennt seine Aufgaben, wechselt er an seinen neuen Besitzer. Draußen in der Wüste schwingt sich der Vogel vom ausgestreckten Arm in die Luft und stößt herab, wenn er ein Beutetier erspäht hat, um danach regungslos auf seinen Herrn zu warten. Die kostbarsten Falken sind bis zu 1 Mio. Dirham (ca. 250 000 Euro) wert und werden von ihren Besitzern auch mit ins Ausland zur Jagd genommen. Ausländer bekommen von der Falkenjagd, dieser jahrhundertealten Leidenschaft der Araber, selten etwas mit. Im Heritage Village von Abu Dhabi und an anderen Touristenorten werden abgerichtete Falken vorgeführt.

FRAUEN

Die VAE gehören zu den liberalsten Ländern der Arabischen Halbinsel. Hier verwalten einheimische Frauen ihr eigenes Vermögen und spielen deshalb auch wirtschaftlich eine bedeutende Rolle. Eigene Schulen und Universitäten bereiten sie auf das soziale und berufliche Leben vor. Längst sind die Frauen an den Hochschulen des Landes in der Mehrzahl. In den VAE gibt es fünf Ministerinnen, neun der 40 Parlamentsabgeordneten (FNC = Federal National Council), zwei Drittel der Regierungsangestellten und 40 Prozent der Angestellten von Banken und Finanzdienstleistern sind Frauen, und in

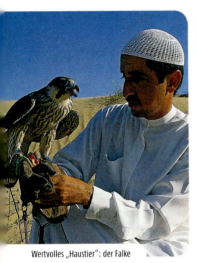

Wertvolles „Haustier": der Falke

FAKTEN, MENSCHEN & NEWS

Abu Dhabi wurde die erste Richterin der Öffentlichkeit vorgestellt.

ISLAM

Religion und Alltag lassen sich für einen gläubigen Moslem nicht trennen. Der Glaube an Gott ist Lebensanschauung. Dieser Gott ist transzendent, nämlich menschliches Wissen übersteigend. „Bi ismi Allah, Ar-Rahmaani, Ar-Rahimi", „Im Namen Gottes, des Gnädigsten, des immer Barmherzigen", ist eine bei vielen Gelegenheiten von den Gläubigen gebrauchte Rede, die den göttlichen Segen erbittet und die die göttliche Weisheit in den Alltag integrieren will. Im Heiligen Koran ist genau festgehalten, wie sich ein Moslem zu verhalten hat. Essenziell sind u. a. fünf Gebete pro Tag mit Rezitationen und Lobpreisungen aus dem Koran sowie die Pflicht zum Unterstützen von Bedürftigen. Ebenfalls wichtig ist: Der Islam betont die Einheit aller monotheistischen Religionen, d. h., auch Jesus ist nach dieser Auffassung ein Prophet, das Evangelium gilt wie die jüdische Thora als Offenbarung, die dem Koran gleichwertig ist.

KAMELE

Das einhöckerige Dromedar wird auf der Arabischen Halbinsel *camel* genannt. Das Dromedar (auch „Arabisches Kamel") ist in Nordafrika, Südwest-Asien (Arabische Halbinsel) und Australien beheimatet. Das zweihöckrige Kamel (auch „Trampeltier") lebt dagegen in Asien (Mongolei und Indien). Statussymbol, Verkehrsmittel, Lastenträger, Milch- und Fleischlieferant, als Rennkamel Liebesobjekt und Geldanlage: Tausend Jahre vor unserer Zeitrechnung domestizierte man in dieser Region das Dromedar. 40 km kann es am Tag zurücklegen, dabei bis zu 300 kg tragen, mehrere Tage kommt es ohne Nahrung und Wasser aus. In den Emiraten sind Kamelrennen ein beliebter Zuschauersport, in der Wintersaison herrscht am Wochenende auf den Rennplätzen immer Betrieb. Das Antreiben der Kamele übernehmen kleine Roboter.

MOCKTAILS

Schon seit geraumer Zeit sind Mocktails auf jeder Getränkekarte zu finden. Wie wäre es mit einer „Virgin Colada" oder einem „Ipanema" zum Sonnenuntergang? In den VAE kennt man neben den klassischen Cocktails (hier Piña Colada und Caipirinha), die einfach ohne Schuss serviert werden, ungezählte exotische und farbenfrohe Kreationen, die ganz ohne Alkohol auskommen. Jede Bar, die auf sich hält, hat einen eigenen Signature Mocktail. Typisch sind Mocktails, die Dattelsaft enthalten, Klassiker solche mit Minze und Limette.

PFERDE

Schon vor der Zeitenwende hielt man auf der Arabischen Halbinsel Pferde, und reinrassige Araber werden heute als die schönsten Pferde angesehen. Die eher kleinen Tiere gelten als relativ intelligent, sind besonders schnell und vor allem ausdauernd. Vermutlich bildeten sich diese Eigenschaften über Jahrtausende heraus, da die ungünstigen klimatischen Bedingungen der Wüste nur ein Teil eines Fohlenjahrgangs überlebte. In den Emiraten liebt man das Pferd, es wird von Beduinen ebenso wie von den Emiren hoch geschätzt. Es ist überliefert, dass der Prophet Mohammed bei seiner Flucht von Mekka nach Medina hundert Pferde mit sich führte. Auf den Rennbahnen der VAE finden in den Wintermonaten jede Woche Pferderennen statt, mit hohen Geld- und Sachpreisen für die Gewinner. Das höchstdotierte Galopprennen der Welt mit 10 Mio. Dollar Preisgeld wird jeden März in Dubai ausgetragen. Die Pferde werden in klimatisierten Ställen gehalten, von Pflegern und Veterinären betreut, erhalten importiertes Kraftfutter, und zum Training geht's auch ins Pferdeschwimmbad.

POLITIK

Sheikh Khalifa Bin Zayed al-Nahyan, der Emir von Abu Dhabi, ist Präsident der 1971 als föderativer Bundesstaat gegründeten VAE. Ihm zur Seite steht der Oberste Rat (Supreme Council), der sich aus den Emiren der übrigen Emirate konstituiert. Allerdings beschränkt sich die Zusammenarbeit der sieben Emirate weitgehend auf Außenpolitik und auf wirtschaftspolitische sowie juristische und verteidigungspolitische Fragen. Ministerpräsident ist Dubais Herrscher Sheikh Mohammed Bin Rashid al-Maktoum. Präsident und Ministerpräsident werden vom Obersten Rat jeweils für fünf Jahre gewählt, ihre Wiederwahl ist unbegrenzt möglich. Auch die übrigen Ministerposten des Staatenverbundes rekrutieren sich weitgehend aus Mitgliedern der Herrscherdynastien. Die Regierung der VAE und der jeweiligen Scheichtümer erfolgt nach feudalistischem Prinzip, d. h., es gibt weder Parteien noch Gewerkschaften; der Emir bestimmt per Dekret. Die Zufriedenheit der einheimischen Bevölkerung mit ihrer Regierung ist sehr hoch und u. a. auf die vielen sozialen Leistungen und den überaus hohen Lebensstandard zurückzuführen. In Behörden, bei Firmen, gar in Hotels angestellte Emirati erhalten einen sehr großzügigen Mindestlohn, ein Vielfaches des an *expatriates* gezahlten Geldes.

SHISHA

Erdbeer, Banane und Latte macchiato: Die in den Shisha-Cafés der VAE angebotenen aromatisierten Tabaksorten wechseln jede Saison. Seitdem in Europa Wasserpfeifen bei Jugendlichen angesagt sind, hat sich auch in Arabien die jahrhundertealte Leidenschaft der einstigen Beduinen verändert. Immer mehr Shisha-Cafés öffnen in den Städten, und zunehmend Frauen und Touristen schätzen den aromatischen (wenngleich ungesunden) Rauch und das entspannende Blubbern der wassergekühlten Pfeifen – deshalb auch *hubbly-bubbly* genannt – als unverzichtbar zum Chillen.

TRADITION

Trotz der hypermodernen Fassade ist die Vergangenheit präsent: Auf dem Kamelmarkt von Al-Ain taxieren Einheimische die Tiere, bevor sie mit den Kaufverhandlungen beginnen, Frauen mit verhüllenden Gesichtsmasken bummeln durch die Souks, ihre Hände verziert mit dunkelroten Henna-Malereien. Man trifft sich auf den wöchentlichen Kamelrennen ebenso wie in den Clubs der Luxushotels. Mit Porsche-Geländewagen und Limousinen der Oberklasse parkt man vor der Moschee, um mit den rituellen Waschungen zu beginnen und zu beten. In weiße Dishdashas gekleidete Männer treffen sich mit ihren Gattinnen in den Gourmettempeln der Stadt, in der einen Hand das neue Blackberry, in der anderen die Gebetskette. Zu ihren Häusern – kleine Schlösser im arabischen Neo-Look – haben nur Familienmitglieder und enge Freunde Zugang. Und natürlich gibt es Bereiche, die nur den Frauen gehören, und solche, die dem Hausherrn vorbehalten sind.

UMWELT

Obwohl die Emirate in erster Linie für ihre spektakulären Bauprojekte bekannt sind, bemüht man sich neuerdings, umweltbewusst aufzutreten. Statt – mit Skihallen oder Eisbahnen – weiterhin als Energieverschwender angeprangert zu werden, wollen besonders Dubai und Abu Dhabi Vorreiter für Klimaschutz werden und investieren deshalb Milliarden in diesem Bereich. In allen Emiraten werden weitläufige Parks eingerichtet und Bäume angepflanzt. Ein außerordentliches Projekt ist etwa die von Lord Norman Foster entworfene und noch im Bau befindliche ◐ Ökostadt Masdar, die vollkommen CO_2-neutral in der Wüste, rund 30 km östlich von Abu-Dhabi-Stadt, entsteht. Eine Universität (Masdar Institute of Science and Technology) wird sich dort der Forschung im Bereich neuer Umwelttechnologien verschreiben. Um auch die Bürger, *nationals* wie *expatriates*, auf den grünen Weg zu bringen, setzt man auf jährliche Umwelttage und wiederholte Aktionen (*„plant a tree"*), fordert auf, mit Klimaanlagen bewusster umzugehen, Strom zu sparen und auf nachhaltigen Konsum zu achten.

WIRTSCHAFT

Die VAE steuern 3 Prozent der Ölproduktion der Welt bei, besitzen jedoch 10 Prozent aller Ölvorkommen. Das Bruttoinlandsprodukt betrug 2014 rund 412 Mrd. US-Dollar, davon etwa 25 Prozent öl- und gasabhängig, und ca. 54 000 US-Dollar pro Kopf. Die Staatsfonds von Abu Dhabi verfügen über 600 Mrd. Dollar, der Anteil des Emirats an der Daimler AG beträgt 9,1 Prozent – „Abu Daimler" heißt es im Betrieb. 2013 waren die VAE mit Importen von 9,94 Mrd. Euro Deutschlands größter Exportmarkt in der arabischen Welt; rund 1000 deutsche Unternehmen sind in den VAE ansässig.

WÜSTE

Die VAE liegen in der Trockenzone der Erde, am Rand der Wüste Rub al-Khali. Sie erscheint in vielfältiger Gestalt, als Sanddünen, Geröllfläche und am Meer als flache Salzwüste *(sabkha)*. Niederschläge sind selten und versickern sehr schnell. Mit großen Anstrengungen und Milliarden von Dollar versucht man, der weiteren Ausbreitung der Wüste entgegenzuwirken. Mit Wasser aus Meerwasserentsalzungsanlagen wird sie begrünt, werden Parks, Dattelhaine, Gärten und landwirtschaftliche Flächen angelegt.

Jahrhundertealte Tradition unter arabischen Männern: Chillen mit Shisha

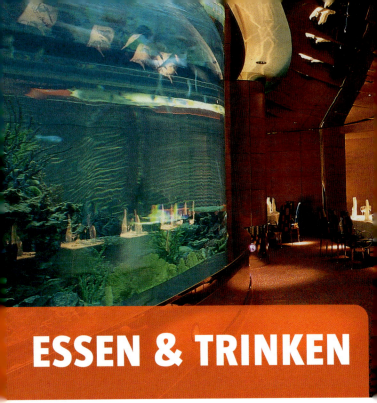

Bild: Burj Al Arab, Restaurant Al-Mahara

ESSEN & TRINKEN

Ein köstlicher Geruch liegt in der Luft, eine unwiderstehliche Mischung aus Kreuzkümmel, Koriander, Fenchelsamen, Knoblauch und Zimt, jenen duftenden Gewürzen, die den Speisen in der Region ihren besonderen Charakter verleihen – arabisches Essen ohne Gewürze wäre wie ein Meer ohne Wogen oder ein Himmel ohne Sterne, heißt es, und ihr Duft steigert die Vorfreude auf die kommenden Genüsse. Tatsächlich lieben die Einheimischen gutes und reichhaltiges Essen, ebenso sehr wie das regelmäßige Essengehen. Als Schmelztiegel von Nationen wetteifern heute – gerade in Dubai und Abu Dhabi – die Küchen der Welt um die Gunst der Genießer.

Besonders vielfältig ist das Angebot an Restaurants in den Vier- und Fünf-Sterne-Hotels. Diese haben mitunter bis zu einem Dutzend verschiedene Lokale, darunter auch solche mit indischer, japanischer, französischer, mexikanischer, italienischer und libanesischer Küche.

In den arabischen Restaurants prägen *Lamm und Huhn*, Reis und Gemüse die Menüs. Fleisch wird häufig in *Joghurtsaucen* mariniert und über Holzkohle gegrillt. Rindfleisch gibt es eher selten, Schweinefleisch ist aus religiösen Gründen weitgehend tabu. Sehr beliebt als Beilage ist Reis; bevorzugt wird der aus Indien importierte *Basmati*, langkörnig, mit leicht nussartigem Geschmack und unverwechselbarem Duft.

Typisch ist die großzügige Verwendung von Gewürzen. Kardamom, Pfeffer, Safran und Knoblauch werden seit jeher

Vom sternegekrönten Restaurant bis zur Shawarma-Bude – Gerichte für jeden Geschmack und Geldbeutel

geschätzt. Im Holzkohlenofen gebacken wird knuspriges ***Fladenbrot***, das noch heiß auf den Tisch kommt. Aus dem Arabischen Golf und dem Indischen Ozean kommen Fisch und Meerestiere, ***Langusten und Hummerkrabben***, die man gern gegrillt zubereitet und mit Knoblauch und Limonen serviert. Traditionell in Arabien beliebte Vorspeisen sind sauer eingelegte Gemüse sowie ein mit Sesamöl zubereitetes ***Kichererbsenpüree***. Arabische Desserts sind eine köstliche, oft auch kalorienhaltige Angelegenheit, weil sie mit reichlich Honig, Pistazien und Mandeln zubereitet werden.

Zu einem typisch arabischen Frühstück gehören Fladenbrot, schwarze Oliven, ***Ziegenkäse und Joghurt***, dazu schwarzer Tee oder Kaffee. In den Hotels werden am Morgen große Buffets aufgebaut, die nahezu alles bieten, was das Herz begehrt: diverse Sorten Brot und Brötchen, Waffeln und French Toast, Patisserien (Croissants, Kleingebäck, Kuchen), frisches Obst und Obstsalat, Joghurts, Müsli und Cornflakes, Wurst, Lachs und

SPEZIALITÄTEN

achar – in Essig und Knoblauch eingelegtes Gemüse: Blumenkohl, Oliven, Mohrrüben, Zwiebeln, Paprika
baba ghannush – Auberginenpüree mit Sesamöl
baharat – Gewürzmischung aus zerstoßenem Pfeffer, Koriander, Nelken, Kreuzkümmel, Muskatnuss, Zimt und Paprika
baklava – Blätterteig-Dessert aus Mandeln, Sirup und Pistazien
chai – schwarzer Tee (meist gesüßt)
foul medames – gekochte, dicke Bohnen in würziger Tomatensauce, serviert mit Zwiebeln und Gemüsen
houmus – Püree aus Kichererbsen und Sesamöl (Foto re.)
khoubiz – warmes Fladenbrot, das beim Essen ohne Besteck als Löffelersatz verwendet wird (Foto li.)
labneh – Quark mit Knoblauch
ma madiniya – Mineralwasser
mashwee samak – Fischgericht vom Barbecue
maskoul – Reis mit Zwiebeln
mehalabiya – Pudding mit Pistazien
muaddas – Reis mit braunen Linsen
muhammar – süßer Reis mit Kardamom, Rosinen, Rosenwasser und Mandeln
mutabbal – gebackene Auberginen mit Sesampaste und Nussöl
qahwa – Kaffee (meist mit Kardamom und ungesüßt)
shaurabat adas – traditionelle arabische Linsensuppe
shawarma – dünn geschnittenes Lamm- oder Hühnerfleisch vom Spieß mit Salat und Joghurtsauce, serviert in einem Fladenbrot
shish kabab – Lammfleisch am Spieß
shish tawook – mariniertes, gegrilltes Hühnerfleisch am Spieß
tabouleh – Salat aus gehackter Petersilie, klein gewürfelten Tomaten, Gurken, Zwiebeln, Weizenschrot und Minze
wara enab – mit gewürztem Reis gefüllte Weinblätter

geräucherten Fisch, Eierspeisen, gegrillte Tomaten und gebratene Würstchen, Bratkartoffeln, Bohnen in Tomatensauce, mitunter gibt es auch japanische Miso-Suppe, chinesische Dim-Sums (mit Fleisch und Gemüse gefüllte, dampfgegarte Teigtaschen) und Sushis. Dazu serviert man Säfte, Tee, Kaffee und Cappuccino. Manchmal ist auch eiweißreiche, kalorienarme *Kamelmilch* im Angebot.

ESSEN & TRINKEN

Üppige Speisenbuffets stellen in den Hotels auch mittags und abends die Gäste zufrieden. Typisch sind die mehrmals pro Woche wechselnden kulinarischen und geografischen Schwerpunkte (z. B. italienisch, mexikanisch, Fisch, Meeresfrüchte etc).

Bei einem typischen *Friday Brunch*, zu dem man sich am späten Freitagvormittag in den Hotelrestaurants trifft, bekommt man ehesten einen Eindruck von der *Multikulturalität* des Landes, die auch die kulinarische Szene prägt. Die Tische biegen unter den versammelten Leckereien: italienische Antipasti, französische Hors d'oeuvres, Biomüsli aus Österreich, arabische Gemüsespezialitäten, japanisches Sushi und chinesisches Dim Sum: Einfach köstlich!

Das breit gefächerte Angebot der Restaurantszene der Vereinigten Arabischen Emirate reicht von der einfachen Imbissbude über den Foodcourt in der Shoppingmall bis hin zum luxuriösen Gourmettempel. Einmalig sind die vielen *ethnischen Restaurants*, betrieben von *expatriates*, den „Gastarbeitern" der Arabischen Halbinsel. Neben anderen arabischen und asiatischen Küchen finden Sie auch afrikanische und westliche Lokale. Besonders groß und breit gefächert ist das Angebot in Abu Dhabi und Dubai, dort können Sie hervorragend (und außerdem sehr günstig) indisch und pakistanisch essen.

Die teuersten und auch am aufwendigsten designten Restaurants finden Sie in den Luxushotels. Günstig isst man in den *Foodcourts* der Malls. Hier finden Sie nebeneinander liegende Selbstbedienungsrestaurants *(food outlets)* jeder Couleur, neben Fast Food auch ethnische Restaurants aus Asien und Lateinamerika sowie Fisch- und vegetarische Restaurants. Sowohl in den Foodcourts wie am Straßenrand wird *shawarma* verkauft, eine köstliche Spezialität (warmes Fladenbrot mit Fleisch und Salat).

Der Islam verbietet den Gläubigen den Genuss von berauschenden Getränken.

Nach alter Tradition: Imbiss auf Arabisch

In den Emiraten gibt es daher *Alkoholika* nur in Hotels und lizenzierten Restaurants und Clubs. Nur in Sharjah herrscht striktes Alkoholverbot. Frisch gepresste Mangos, Papayas, Bananen und Orangen werden überall eisgekühlt serviert. Einzigartig sind die *Mocktails*, fantasievolle Kombinationen von Obstsäften. Natürlich trinkt man viel Wasser, gereicht in großen Plastikflaschen. Dieses preiswerte Mineralwasser wird in den Emiraten (u. a. in Masafi) abgefüllt. Das Leitungswasser ist einwandfrei, doch stört der leicht schwefelige Geschmack, weil es sich um entsalztes Meerwasser handelt.

EINKAUFEN

Die Menschen in den VAE sind stolz auf ihre Händlermentalität. Gewürze, Gold und Silber, Brokate aus Indien und Seide aus China – am Arabischen Golf wurde schon immer gerne gehandelt. Jahrhundertelang kaufte man ein im Souk, also in einem Viertel, in dem die gleichen Waren an vielen kleinen Verkaufsständen nebeneinander angeboten wurden. Teppiche in der einen Gasse, Gewürze in der nächsten, Geschirr in einer anderen – allein der Wille Allahs entscheidet, so hieß es, zu wem der Käufer gelangt, und Konkurrenz belebt das Geschäft. Mit dem steigenden Reichtum veränderten sich die Souks, und häufig sind die Läden heute in modernen Einkaufskomplexen untergebracht, weniger malerisch für Besucher, aber immer noch typisch. Zum Angebot dazugekommen sind Elektronik, Spielzeug und billige westliche Kleidung. Längst haben moderne Shoppingmalls die einstige Rolle der Souks als Einkaufsplatz eingenommen. Wer an Shopping Spaß hat, der wird tagelang durch die Malls streifen, zumal diese auch architektonisch interessant und wesentlich aufwendiger gestaltet sind, als man es von Europa her kennt. Die Architektur ist beeindruckend, die Größe der klimatisierten Einkaufsarkaden gigantisch. Zwischen Glas, Chrom und Marmor ragen künstliche Palmen empor, rauschen Wasserfälle. Designer aus aller Welt stellen die jüngsten Kollektionen aus, es gibt Juweliere, englisches Markenporzellan, Schweizer Uhren, Dessous aus den USA und Puzzles aus Deutschland – nirgendwo auf der Welt ist die Auswahl so groß, sind die Preise – dank fehlender Steuern und Zölle – so moderat. Zwischendurch erholt man sich in einem der vielen SB-Cafés und in den Fast-Food-Outlets der Malls. Hochburg fürs Shopping ist Dubai, wo es an die 50 luxuriöse Shoppingmalls gibt. Gegenwärtig entsteht in Dubailand, einem noch nicht fertigen Megaprojekt, die mit 1400 Geschäften größte Mall der Welt: die Mall of Arabia.

ANTIQUITÄTEN

Günstig sind Waren, die aus Indien und Indonesien stammen, zum Teil auf alt getrimmte Kleinmöbel, Bilderrahmen, Vasen und Skulpturen. Aus Jemen stammen wunderschöne (jedoch hochpreisige) alte Teppiche, Töpferwaren und Holztruhen. Die größte Auswahl haben Sie im Central Souk (Blue Souk) in Sharjah. Darüber hinaus gibt es entsprechende Geschäfte in fast jeder Mall.

Orientalische Souks und aufregende Shoppingmalls – in den Emiraten wird Einkaufen zum Erlebnis

DUBAI SHOPPING FESTIVAL

Im Emirat Dubai offerieren alle Geschäfte 20–40 Prozent Rabatt, täglich werden Sachpreise in Millionenhöhe verlost, daneben gibt es Modenschauen, Konzerte, Feuerwerke. Wann fällt die Stadt in diesen Kaufrausch? Von Januar bis Februar. Wenn Sie dabei sein wollen, heißt es frühzeitig ein Hotel buchen *(www.mydsf.ae)*.

GOLD

Der Gold Souk von Dubai ist der bekannteste und berühmteste Ort, wenn Sie in den Emiraten Goldschmuck erstehen wollen. Zudem sind die Stücke aus diesem Edelmetall nirgendwo günstiger als in diesem Emirat. Der Preis richtet sich nur nach dem Gewicht des Schmuckstücks, die Verarbeitung bekommen Sie kostenlos dazu. In Abu Dhabi liegt der neue Gold Souk neben dem Madinat Zayed Shopping Complex.

KUNST

In Sharjahs Arts Area in der Altstadt offerieren renommierte Galerien Bilder und Objekte einheimischer Künstler – hier sollten Sie zugreifen, wenn Sie ein Faible für die schönen Dinge haben. Die Spannbreite reicht von moderner, abstrakter Kunst zu Objekten, die sich auf die arabischen Wurzeln beziehen.

MODE

In den Shoppingmalls finden Sie sowohl die teuersten Designer (Armani, Chanel) als auch junge, moderne Marken wie Zara und Gap, für Frauen wie für Männer. Kinderboutiquen sind ebenfalls sehr häufig anzutreffen. Übersichten am Eingang zeigen an, welche Firmen vertreten sind. Halten Sie nach Sonderangeboten Ausschau, teilweise gibt es Rabatte bis zu 50 Prozent, etwa wenn Einzelstücke auslaufender Kollektionen im September und Februar/März verkauft werden.

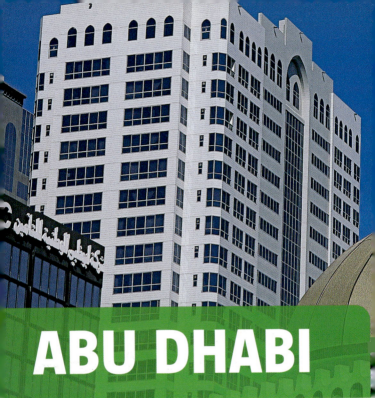

Bild: Abu-Dhabi-Stadt, Khalifa Mosque

ABU DHABI

Menschenleere Wüste, Oasensiedlungen, unerschlossene Inseln und eine ultramoderne Hauptstadt mit Hochhäusern und Stadtautobahnen: Im reichen Abu Dhabi begann die Förderung des Tourismus erst vor wenigen Jahren.

Abu Dhabi, 160 km südlich von Dubai, wird bestimmt von Gegensätzen: In der gleichnamigen Hauptstadt und ihrer Umgebung leben die Hälfte der 2,5 Mio. Einwohner des Emirats, die Einheimischen in prunkvollen Palästen und Villen, die 85 Prozent Gastarbeiter in modernen Hochhausblocks. Gleich außerhalb der Stadt beginnt unberührte, menschenleere Wüste, im Inneren des Landes mit hohen, in der Sonne glitzernden Sanddünen, aber auch mit schnurgerade verlegten Öl-Pipelines. Entlang der Golfküste gibt es bisher nur wenige Strandhotels. Zu Füßen des Jebel Hafeet erstreckt sich die Oasenstadt *Al-Ain,* Sitz einer Universität und zahlreicher Museen, und vor der Küste liegen 200 kleine und kleinste Inseln, auf denen nach und nach Bauprojekte realisiert werden. Eigentlich eine Kleinigkeit für Abu Dhabi: Das mit vier Fünfteln der Gesamtfläche größte der Emirate besitzt 95 Prozent der Erdöl- und 90 Prozent der Erdgasreserven der VAE. Das reiche Abu Dhabi, in dem es kaum alte Baustrukturen gibt – im Zuge des Auf- und Ausbaus der Stadt infolge des Ölbooms wurden alle alten Korallenstein- und Lehmgebäude abgerissen und nur der historische Emirpalast blieb stehen –, ist stolz auf seine Geschichte: 1761 führte die Nahyan-Familie den Be-

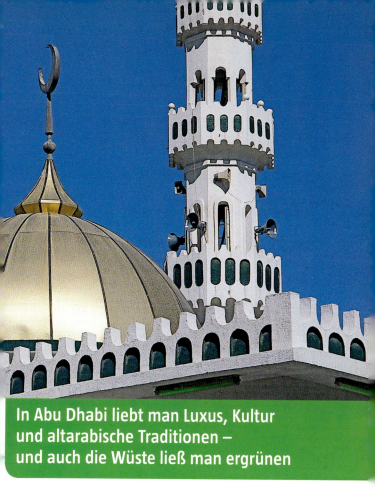

In Abu Dhabi liebt man Luxus, Kultur und altarabische Traditionen – und auch die Wüste ließ man ergrünen

duinenstamm der Bani Yas von den *Liwa-Oasen* auf eine flache Sandinsel vor der Küste, wo sie eine Gazelle an einem Wasserloch entdeckt hatten. Eine Siedlung – Abu Dhabi („Vater der Gazelle") – wurde errichtet, die ab 1793 Sitz des Scheichs und Hauptstadt des Emirats wurde. Doch noch um 1960 war Abu Dhabi ein Fischerdorf, dessen Einwohner in kleinen Hütten um das Fort des Emirs lebten. In nur wenigen Jahrzehnten vollzog Abu Dhabi einen beispiellosen Aufstieg zum reichsten und mächtigsten Emirat.

ABU-DHABI-STADT

KARTE IM HINTEREN UMSCHLAG
(134 B1) (*M G6*) Eine Moschee, so schön wie kaum eine zweite, ein großer Hotelpalast wie aus Tausendundeiner Nacht, dazu futuristische Hochhäuser, Wohnpaläste in tropischen Parks, viele Moscheen und eine Reihe von Strandhotels.

ABU-DHABI-STADT

In der durch vier Brücken mit dem Festland verbundenen *Stadt* war die Eröffnung des 2 Mrd. Euro teuren Emirates-Palace-Hotels im Jahr 2005 der Anfang der Entwicklung zum neuen Touristenziel am Arabischen Golf. In den Jahren davor war man hauptsächlich mit der Schaffung der Infrastruktur für die Bevölkerung und die zunehmende Anzahl an *expatriates* beschäftigt.

Eine grüne und moderne Metropole ist der erste Eindruck, den Besucher von der Wüstenstadt bekommen. Die nach dem Ölboom komplett neu errichtete Stadt (ca. 1 Mio. Ew.) wird nämlich neben ihrer eindrucksvollen Skyline aus ultramodernen Wolkenkratzern von mehr als 20 Parks und Gärten geprägt. Üppige Grünanlagen begrenzen auch die Straßen. An der Nordseite der Stadt Abu Dhabi erstreckt sich der 6 km lange Corniche Park. Von der Maqta Bridge führt an der Ostseite die von Dattelpalmen gesäumte Qurm Corniche ins Zentrum, ihr gegenüber erstreckt sich ein Mangrovenwald. Ständig eröffnet man neue Shoppingmalls, verwirklicht gewaltige Bauprojekte: Stararchitekt Norman Foster entwirft beim Flughafen die erste emissionsfreie Stadt – *Masdar* (Quelle) genannt – für 50 000 Bewohner, ohne Autos, mit Wind- und Sonnenenergie *(www.masdarcity.ae)*. Auf der Insel *Yas (www.yasisland.ae)* gegenüber Abu Dhabi, wo bereits eine Formel-1-Strecke, ein Golfplatz, ein Wasserpark, die neue, große Yas Mall, eine Marina für Sportboote und ein Ferrari-Themenpark *(Ferrari World)* entstanden sind, werden in den kommenden Jahren noch weitere Freizeiteinrichtungen errichtet, und nach Dubai plant jetzt auch Abu Dhabi eine Stadtbahn, vorgesehen ist ein Streckennetz von 131 km.

Gegenwärtig wird die Metropole neu „adressiert", im Zentrum haben die Straßen heute schon zwei bis drei unterschiedliche Namen. Wegen der enormen Anzahl neuer Gebäude an neuen Straßen werden mit einem „Unified Addressing System" 12 000 Straßennamen in 200 neuen Distrikten entworfen und dazu 20 000 Straßenschilder aufgestellt. Da im Zuge der Neugestaltung rund 200 000 Adressen „vereinfacht" und 7000 Straßennamen umbenannt („renamed") werden, wird sich 2017, wenn alles fertig sein soll, vermutlich niemand mehr zurechtfinden.

Ein surreales Bild: schwarzverschleierte Frauen in der roten Ferrari-World

ABU DHABI

WOHIN ZUERST?

Die Central Bus Station liegt in der Nähe der **Al Wahda Mall**. Von dort geht man auf der Al-Ferdous Street (10th Street) bis zum Corniche East Park. Mit Blick auf die Skyline kommt man in einer Stunde (etwa 5 km) zum Heritage Village. Danach mit dem Taxi zur Sheikh Zayed-Moschee oder zur Insel Yas.

Ein Doppeldecker von *Big Bus Tours (tgl. 9–17 Uhr | Abfahrt alle 30 Min., Dauer 2,5 Stunden | 220 Dh, Kinder 100 Dh, Familien 540 Dh | www.bigbustours.com)* startet von Marina Mall zu den Sehenswürdigkeiten der Stadt, an 14 Haltestellen (u. a. Sheikh Zayed Mosque, Emirates Palace, Heritage Village, Iranian Market) kann man ein- und aussteigen, das Ticket ist 24 Stunden lang gültig.

SEHENSWERTES

CORNICHE PARK

Die 7 km lange Promenade, die zwischen dem Sheraton Hotel im Nordosten und dem Hilton Hotel im Westen verläuft, wurde zu einem aufwendigen Park umgestaltet: Fußwege und Fahrradwege, tropische Blumen und Dattelpalmen, dazu Denkmäler, Brunnen, Wasserspiele und Fontänen. Mehrere Aussichtsplätze, Cafés, Restaurants und Picknickanlagen laden zur Rast ein. Frühmorgens trifft man Jogger, nach Sonnenuntergang Familien beim Spaziergang. *Abu Dhabi Corniche*

CULTURE & HERITAGE CENTRE (CULTURAL FOUNDATION)

Kulturzentrum, 1980 erbaut und wie eine Mischung aus Fort und weißem Palast: Bogengänge und angedeuteter Wachturm, umgeben von Gärten. Zahlreiche

MARCO POLO HIGHLIGHTS

★ **Souk at Central Market**
Das neue „alte" Zentrum von Abu Dhabi, das arabische Tradition und Moderne verbindet → S. 40

★ **Emirates Palace**
Ein arabischer Traumpalast der Superlative steht jedem offen → S. 36

★ **Hili Archaeological Park**
Archäologische Stätte und grüner Park in einem → S. 46

★ **Sheikh Zayed Grand Mosque**
Die größte und schönste Moschee der Emirate → S. 38

★ **Camel Market**
Der letzte große Kamelmarkt der Emirate liegt in Al-Ain → S. 46

★ **Sir Bani Yas**
Arche Noah auf einer Insel: Gazellen, Antilopen und Meeresschildkröten im Wildlife Reserve → S. 44

★ **Heritage Village**
Kamele, Bewässerungskanäle und altes Handwerk: Das Museumsdorf gibt einen Einblick in die Lebensweise vor dem Ölboom → S. 36

★ **Al-Ain National Museum**
Einzigartige archäologische Fundstücke aus der Wüste: 5000 Jahre alte Siedlungen → S. 45

★ **Yas Island**
Neben Formel-1-Strecke und Indoor-Themenpark „Ferrari World" eine Seltenheit: Fahrradwege! → S. 39

35

ABU-DHABI-STADT

Ausstellungen zeigen antike Koran-Ausgaben, Schmuck, Kunsthandwerk, archäologische Ausgrabungsfunde und Dhau-Modelle. Dazu gibt es regelmäßig Folklore-Veranstaltungen, Konzerte und Filmvorführungen. Pausieren können Sie in den **INSIDER TIPP** **schön angelegten Gärten**. *Wegen Renovierung bis mindestens Ende 2016 geschl. | Zayed the First (Electra) Street/Ecke Rashid al-Maktoum Road (Airport Road), neben dem Old Fort*

INSIDER TIPP **DHOW HARBOUR**
Am Dhau-Hafen finden Sie das traditionelle Arabien. Im Wasser liegen Fischerboote und das *Restaurantschiff Al-Dhafra*. Der *Iranian Souk* bietet Teppiche, Töpferwaren und Textilien feil und ist eine Fundgrube auch für landestypische Souvenirs; im *Afghan Carpet Souk* rollt man für Interessenten Teppiche aus. Und in der Al-Mina Street locken der *Fischmarkt (tgl. 7–10 u. 16–19 Uhr | am Ende des Dhow Harbour)* sowie der *Obst- und Gemüsemarkt (tgl. 7–13 u. 16–19 Uhr | zwischen Al-Mina Street und Dhow Harbour)*.

LOW BUDGET

Im japanischen Geschäft *Daiso* in *Abu Dhabi (East Road | 1. Stock im Gold Centre, neben dem Madinat Zayed Shopping Centre)* und *Al-Ain (Sheikh Khalifa Street | gegenüber vom Al-Noor Hospital)* gibt es Lebensmittel, Papierwaren, Kosmetik und anderes billiger als bei Aldi.

Die Busse 170, 180, 190 bringen Sie vom Festland für 2 Dh zur *Insel Yas*; dort verkehrt zwischen 9 und 21 Uhr der Shuttlebus *Yas Express* kostenlos zu den Attraktionen der Insel.

EMIRATES PALACE ★ ●
Der orientalische Märchenpalast liegt auf einem Hügel und ist umgeben von Wasserspielen und 100 ha Parkanlagen. Das 800 m lange Gebäude wird von 114 mit Blattgold verzierten Kuppeln gekrönt, von 1000 Kronleuchtern aus Swarovski-Kristallen beleuchtet, von 8000 importierten Palmen beschattet und von einem 1,3 km langen Strand eingerahmt. Der 2005 eröffnete Palast dient als Luxushotel, Konferenzzentrum und Regierungsgästehaus. Weiträumige Hallen und Flure sind pompös mit Marmor, Granit, Säulen, Stuck, Kronleuchtern und vergoldeten Decken ausgestattet. 20 Restaurants, Cafés und Bars sowie zwei große Poolanlagen ergänzen das Ensemble. Die Besichtigung der Lobby (in angemessener Kleidung) ist möglich, nicht jedoch von Strand und Gärten. *West Corniche Road | www.emiratespalace.com*

FALCON HOSPITAL
4000 Patienten behandeln die Tierärztin Dr. Margit Müller und ihr Team jährlich im Falkenhospital von Abu Dhabi. Einen Einblick gibt eine Tour, bei der Besucher auch das klinikeigene Museum der Falknerei kennenlernen. *Sa–Do 10 u. 14 Uhr | 170 Dh (Kinder 60 Dh) | Sweihan Road km 3 (in der Nähe des Flughafens) | Tel. 02 5 75 51 55 | www.falconhospital.com*

HERITAGE VILLAGE ★
In schöner Lage direkt am Meer und in Form eines Freilichtmuseums werden traditionelle Handwerksstätten und -künste vorgeführt, u. a. Silberdolche, Lederartikel und Kupferwaren gefertigt. Ein Brunnen mit Kanälen demonstriert die Wasserversorgung: Ein Ochse fördert mit einer altertümlichen Schöpfvorrichtung das Wasser mithilfe eines großen Ledersacks zutage, das anschließend in mehrere Wasserläufe *(falaj)* geleitet wird. Im

ABU DHABI

Im Dhow Harbour von Abu Dhabi werden Körbe für den Fang von Krustentieren vorbereitet

Nachbau eines historischen Souks mit einigen Palmblatthütten *(barasti)* werden Gewürze und Keramik verkauft, eine Teestube verführt zum Probieren. Kinder begutachten die Ziegen, Esel und Falken oder wagen einen Ritt auf einem der Kamele. Im Nachbau eines Forts liegt das Heritage Village Museum mit historischen Schwarz-Weiß-Fotos zur Geschichte der Stadt. Außerdem: Beduinenkleidung, Schmuck, Waffen, Haushaltsgeräte und eine Ausstellung zur Perlentaucherei. Ein Besuch empfiehlt sich besonders in den Abendstunden, wenn einheimische Besucher die Anlage mit Leben füllen. *Sa–Do 8–13 u. 17–21, Fr 17–21 Uhr | Eintritt frei | Breakwater Road | ab Corniche*

QASR AL-HOSN
Überragt von spiegelnden Hochhäusern steht das alte Fort von 1793, das die Geschichte Abu Dhabis wie kein weiteres Bauwerk im Emirat verkörpert. Über zwei Jahrhunderte lebten in dem befestigten Palast die Generationen der Herrscherfamilie Al-Nahyan. Das von den Briten wegen seiner weißen Farbe auch als „White Fort", von den Einheimischen als „Old Fort" bezeichnete Gebäude, das älteste des Emirats, liegt neben dem Gelände der Cultural Foundation und ist bis mindestens Ende 2016 nur für Sonderveranstaltungen geöffnet. *Al-Nasr Street | www.adach.ae*

SAADIYAT
Auf Saadiyat, der „Insel des Glücks", einer 500 m vor der Stadt liegenden 27 km^2 großen Insel, entsteht das ehrgeizigste Projekt des Emirats, eine spektakuläre „Kulturstadt": Dazu gehören u. a. ein von Frank Gehry geplantes *Guggenheim-Museum*, ein von Tadao Ando entworfenes *Maritime Museum* sowie ein

ABU-DHABI-STADT

60 m hohes *Performing Arts Centre* von Zaha Hadid. Weiterhin wird gegen Ende 2016 eine von Jean Nouvel entworfene kubenförmige Dependance des Pariser Louvre eröffnet, der *Louvre Abu Dhabi* drei große sowie 79 kleinere Kuppeln geben der Großen Moschee ihr orientalisches Aussehen. Ein Wald aus 1092 weißen und mit Blüten und ornamentalen Intarsien versehenen Säulen struk-

Auch für Nichtmoslems zugänglich: die Sheikh Zayed Grand Mosque

(www.louvreabudhabi.ae). Der britische Architekt Norman Foster wird ein Sheikh Zayed National Museum bauen. Die Fertigstellung des Gesamtprojekts ist bis 2018 vorgesehen. Obwohl die Insel noch eine Baustelle ist, können Sie sich trotzdem schon einen Eindruck von der Anlage und der Architektur ihrer Gebäude verschaffen: in einer INSIDER TIPP ▶ *Dauerausstellung mit Modellen* im Kulturzentrum *Manarat al-Saadiyat* auf *Saadiyat Island (tgl. 10–20 Uhr | Eintritt frei | www.saadiyat.ae)*.

SHEIKH ZAYED GRAND MOSQUE ★ ●

Das beeindruckende Gebäude fasziniert schon aus der Ferne: Vier Minarette und turiert die Höfe und Räume. Die größte Moschee des Landes ist dem 2004 verstorbenen ersten Präsidenten Sheikh Zayed gewidmet.

Vor Betreten der Prayer Hall müssen sich Frauen (in einem Geschoss unter der Moschee) eine *abaya* ausleihen (Pass erforderlich). Drinnen bedeckt ein mehr als 5000 m² großer, in Iran handgeknüpfter Teppich den Boden; der in vielen Farben gestaltete 15 m hohe Kronleuchter mit 2 Mio. Swarovski-Kristallen wurde in Deutschland hergestellt. *Sa–Do 9–22, Fr 16.30–23 Uhr; kostenlose Führungen auf Englisch So–Do 10, 11, 17, Fr 17, 19, Sa 10, 11, 14, 17, 19 Uhr | Eintritt frei | Rashid al-Maktoum Road South | Tel. 02 4 19 19 19 | www.szgmc.ae*

ABU DHABI

YAS ISLAND ⭐
Die mit Golfplatz, einem Wasserpark, einer Marina und vielen aufsehenerregenden Bauwerken gestaltete Insel Yas ist die neue Attraktion in Abu Dhabi. Weitere Freizeiteinrichtungen und die Yas Mall mit 400 Geschäften sind 2015 fertiggestellt worden.

Der weltgrößte Indoor-Themenpark *Ferrari World (tgl. 11–20 Uhr | Eintritt 250 Dh (über 1,30 m Körpergröße), 205 Dh (unter 1,30 m) | E10 Ausfahrt Yas West | www.ferrariworldabudhabi.com)* bietet eine 140 km/h-Achterbahn *(Formula Rossa)*, einen Aufzug *(G-Force)*, der Besucher mit 42 km/h 62 m hoch bis über das Dach hinaus katapultiert, sowie viele weitere Ferrari-, Rennwagen- und Motorsport-bezogene Attraktionen.

Nach Bahrain zieht auch Abu Dhabi mit einer Rennstrecke für die Formel 1 Motorsportfans an. Der Deutsche Hermann Tilke baute auf Yas den 5,53 km langen Kurs *Yas Marina Circuit (www.yasmarinacircuit.ae)*. Er verläuft zwischen den zwei Gebäuden des Yas-Viceroy-Hotels und unter ihrer Verbindungsbrücke hindurch. Seit November 2009 geht es dort rund.

Auch **INSIDER TIPP** mit dem Fahrrad, z. B. von *Noukhada Adventures (tgl. 8.30–17.30 Uhr | Fahrrad und Helm im Crowne Plaza Yas Island, 150 Dh halbtags | Tel. 02 5 58 18 89 | www.noukhada.ae)*, können Sie die Insel Yas erkunden. Auf neuen Fahrradwegen geht es auf die Insel und um sie herum, vorbei an der Formel-1-Strecke und Ferrari World.

ESSEN & TRINKEN

AL-ASALAH ●
Im Heritage Village und mit Blick auf die Skyline der Hauptstadt gelegen, serviert das Restaurant arabische Küche, darunter typisch emiratische Gerichte. *Breakwater Street | Tel. 02 6 81 21 88 | www.alasalahrestaurants.com | €€*

AL-DHARFA RESTAURANT
Restaurant in orientalischem Dekor mit arabischer Küche und vielen Meeresspezialitäten. Buffet und Präsentation von Fisch zum Selbstwählen. *Tgl. | Al-Mina | zwischen Iranian Market und Fish Market | Tel. 02 6 73 22 88 | €€*

INSIDER TIPP GOLDEN SAIL SEAFOOD RESTAURANT
Hier serviert man Meeresfrüchte und Fischspezialitäten auf libanesische Art – einfach köstlich! *Tgl. | Khalifa Street | neben Al-Noor Hospital | Tel. 02 6 27 72 04 | €–€€*

INSIDER TIPP INDIA PALACE
Das Dekor imitiert einen Maharaja-Palast, und das umfangreiche Menü aus Gerichten der indischen Küche steht dem Ambiente in keiner Weise nach. Keine Alkohollizenz. *Tgl. | Al-Salam Street | Tel. 02 6 44 87 77 | www.indiapalace.ae | €€*

LE BOULANGER MARINA CAFÉ
Der große Rundbau liegt beim Breakwater mit Blick auf die Skyline der Corniche und den Hafen für Sportboote. Internationale Küche mit Fleisch- und Fischgerichten, auch Kleinigkeiten wie Burger und Salate; mit Shisha-Service. *18th Street | Zugangspromenade zu Breakwater | Tel. 02 6 81 81 94 | €€*

STRATOS ✼
Im Drehrestaurant in 120 m Höhe behält man bei internationaler Küche den Überblick; beliebt zum Friday Brunch. Preiswert sind die Lunch-Angebote. *Tgl. | Royal-Meridien-Hotel | 26th Floor | Sheikh Khalifa Bin Zayed Street | Tel. 02 6 74 20 20 | www.stratosabudhabi.com | €€€*

ABU-DHABI-STADT

EINKAUFEN

ABU DHABI MALL
Edles, modernes Design: Mehrere Courts (Höfe) bieten auf vier Stockwerken ca. 200 Boutiquen für Bekleidung, Schuhe, Schmuck und Kosmetik, dazu gibt es einen Foodcourt, SB-Cafés und einen riesigen Supermarkt. *Sa–Mi 10–22, Do 10–23, Fr 15.30–23 Uhr | 10th Street | neben dem Beach-Rotana-Hotel | www.abudhabi-mall.com*

MADINAT ZAYED SHOPPING MALL
400 Geschäfte der mittleren Preisklasse, mehrere Kaufhäuser und ein eigener Goldsouk ziehen Besucher an. *Sa–Do 10–22, Fr 14–22 Uhr | Eastern Street (4th Street) | www.madinatzayed-mall.com*

MARINA MALL
Die schönste Mall Abu Dhabis. Unter dem weißen Zeltdach liegen vier lichtdurchflutete Etagen mit Geschäften internationaler Marken, 45 Restaurants und Cafés, teilweise auch mit Balkon und Blick auf Abu Dhabis Skyline. Im Untergeschoss finden Sie einen Supermarkt und günstige Verkaufsstände für Tücher und Modeschmuck. Daneben gibt es einen gewaltigen Unterhaltungskomplex mit Bowlingcenter und Eislaufbahn sowie einer im Bau befindlichen Indoor-Skiarena. *Sa–Mi 10–22, Do 10–23, Fr 14–23 Uhr | Breakwater, ab West Corniche Road | www.marinamall.ae*

SOUK AT CENTRAL MARKET ★
Im einstigen Soukviertel lieferten Foster & Partners eine Meisterleistung. Neben dem World Trade Center mit Mall, Hotel und Apartments entstand dieser großartige Souk, eine Synthese aus 21. Jh. und altarabischen Bauelementen. Traditionelle arabische Holzgitter *(mashrabiya)* strukturieren in modernen geografischen Mustern das Betongebäude, ein offener Fahrstuhl wird zum mecha-

Marina Mall: Die schönste Mall Abu Dhabis bietet neben Geschäften auch Unterhaltung

ABU DHABI

nischen Wunderwerk. *So–Do 10–22, Fr/ Sa 10–23 Uhr | Airport Road/Hamdan Street | www.centralmarket.ae*

STRAND

CORNICHE BEACH
Der aufgeschüttete öffentliche Strand zwischen Hilton-Hotel und Arabian Gulf Street ist gut geeignet für Besucher, die in einem Stadthotel ohne Strandzugang wohnen. Er besitzt Umkleidekabinen, Toiletten, Gartenanlagen, Sonnenschirme, Cafés und eine „Küstenwache". *Tgl. 7–23 Uhr | Eintritt 10 Dh | West Corniche Road | gegenüber Heritage Village*

FREIZEIT & SPORT

INSIDER TIPP KHALIFA PARK
Aufwendiger, großer Park im Süden der Stadt mit Mini-Eisenbahn, Kanal mit *abras*, Brunnen, Teichen, Wasserspielen, Maritime Museum, Aquarium und Open-Air-Theater (Falkenvorführungen) mit 3200 Sitzen. *Tgl. 8–22 Uhr | Eintritt 5 Dh | Eastern Ring Road | hinter dem Al-Bateen City Airport | Al-Matar*

ORIENTAL SPA & FITNESS
Das Fitnesscenter nur für Frauen bietet Gymnastik- und Fitnessräume, Aerobic, einen Pool sowie unterschiedliche Massagen und Spa-Behandlungen. *Sa–Do 9–22, Fr 15–22 Uhr | Moroccan Bath 120 Dh, Massage 180 Dh | Al-Bateen | 32nd Street | gegenüber BMW | Tel. 02 6 65 57 07 | www.orientalspa.ae*

INSIDER TIPP WÜSTE AUS DER LUFT
Die wohl schönste Art, Wüste hautnah zu erleben, ist eine Fahrt mit dem Heißluftballon über das Meer der Sanddünen. Die fünf Stunden dauernde Tour beginnt um 5.30 Uhr in Abu-Dhabi-Stadt, nach einer einstündigen Fahrt Richtung Al-Ain geht es in die Luft. Nach der Ballonfahrt werden die Gäste zurück nach Abu Dhabi gebracht. *Sept.–Mai | 995 Dh | Tel. 04 24 85 49 49 | www.ballooning.ae*

AM ABEND

INSIDER TIPP AL-DHAFRA
Diese Dhau startet zur Dinner Cruise (arabische Steak- und Fischgerichte) entlang der Corniche mit Blick auf die Skyline. *Tgl. 20–22 Uhr | 180 Dh | Al-Mina | zwischen Iranian Market und Fish Market | Tel. 02 6 73 22 66 | www.afar.com*

G-CLUB
Diskothek und Nachtclub mit großer Tanzfläche: Reggae und Soul, Salsa und R&B; samstags ist „Ladies' Night". *Tgl. 21–3.30 Uhr | im Hotel Le Royal Meridien | Nadja Street (6th Street) | Tourist Club Area | Tel. 02 6 44 66 66 | www.lemeridienabudhabi.com*

INSIDER TIPP PEARLS AND CAVIAR
Abu Dhabis spektakulärste Bar gehört zum Shangri-La-Hotel. Ein Muss für Designfreunde: Auf der Dachterrasse findet das Chill-out in weißen Lounge-Möbeln auf schwarz-weißen Mosaikböden statt. Sie blicken auf den Arabischen Golf und die wie ein Palast erleuchtete Sheikh-Zayed-Moschee. *Tgl. | Qaryat al-Beri, Between the Bridges | Tel. 02 5 09 87 77 | www.shangri-la.com*

ÜBERNACHTEN

AL-DIAR MINA
Mittelklassehaus nahe der östlichen Corniche, beliebt auch bei Neuresidenten, die die Zimmer mit Küchenzeile wochen- oder monatsweise mieten. *106 Zi. und Apt. | Al-Mina Street/Ecke Salam Street | Tel. 02 6 16 79 99 | www.aldiarhotels.com | €€*

ABU-DHABI-STADT

Von der Poolanlage des Hilton Hotels blickt man auf den Arabischen Golf

CITY SEASONS AL-HAMRA
Auch während der Hochsaison ein guter Deal mit gepflegten und ruhigen (schallisolierten) Zimmern, Fitnesscenter, Spa und üppigem Frühstücksbuffet. *310 Zi. | Elektra Street | Tel. 02 6 72 50 00 | www.cityseasonshotels.com | €€*

EASTERN MANGROVES
Das von Anantara betriebene Hotel bietet luxuriös ausgestattete Zimmer mit Blick auf die Lagune; diese ist ⊙ Zentrum naturkundlicher Touren und Kanuausflüge. Die täglich aufgebauten Buffets im *Ingredients Restaurant* sind kulinarisch und auch ästhetisch ein Hochgenuss, das thailändische *Pachaylen* mit authentischer Küche ist abendlicher Treffpunkt. *222 Zi. | Eastern Road | Tel. 02 6 56 10 00 | www.abu-dhabi.anantara.de.com | €€€*

HILTON
Nur durch die Meerespromenade vom Strand getrennt und mit Blick auf Breakwater; große Zimmer mit komfortabler Möblierung und 5-Sterne-Luxus, darunter Kaffeezubereiter. Gäste haben Zutritt zum gegenüberliegenden Hiltonia Beach Club mit 350 m Privatstrand, von Palmen beschattet, mit Wellness- und Sporteinrichtungen. *327 Zi. | Corniche Road West | Tel. 02 6 811900 | www.hilton.com | €€€*

PREMIER INN
Das Hotel überzeugt durch schnörkellosen modernen Stil; top-gepflegte Zimmer, Pool und Whirlpool. Mit eigenem Costa Coffee-Shop. *242 Zi. | Abu Dhabi National Exhibition Centre | Al-Karamah Street | Tel. 02 8 13 19 99 | www.global.premierinn.com | €€*

SHANGRI-LA ✻
Neben dem Emirates Palace das schönste Hotel der Stadt: im verspielt arabischen Stil an der Landseite gegenüber der Inselhauptstadt erbaut, einem Palast aus Tausendundeiner Nacht ähnlich. Besonders schön ist der Blick auf das Wasser und die dahinter liegende Große Moschee. Zwei

ABU DHABI

große Pools, ein Einkaufszentrum im Stil eines modernen arabischen Souks sowie ein hervorragendes Spa-Center gehören ebenfalls dazu. Einzigartig ist der Blick vom Outdoor-Pool des Fitnessstudios im Obergeschoss des nebenan liegenden Gebäudes auf die Moschee. *214 Zi. | Qaryat al-Beri, Between the Bridges | Tel. 02 5 09 88 88 | www.shangri-la.com | €€€*

YAS VICEROY

Designhotel in ungewöhnlicher Lage: Zwei Gebäudeteile sind durch eine Brücke verbunden, die über der Formel-1-Rennbahn liegt. Von allen Zimmern und den Balkonen blickt man auf den blauen *racecourse,* abends ist das Yas Viceroy in fluoreszierende Lichter getaucht und erinnert an ein Raumschiff. Top: ☼ der Pool auf der Dachterrasse. *499 Zi. | Yas Island | Tel. 02 6 56 00 00 | www.viceroyhotelsandresorts.com/abudhabi | €€€*

AUSKUNFT

ABU DHABI TOURISM AUTHORITY
Al-Salam Street | Khalifa Park | Tel. 02 4 44 04 44 | www.tcaabudhabi.ae | www.visitabudhabi.ae

ZIELE IN DER UMGEBUNG

LIWA-OASEN
(133 E–F 5–6) (*m* E–G 9–10)

Umgeben von Wüste und hohen, golden glänzenden Sanddünen, so weit das Auge reicht: Die Liwa-Oasen, eine Ansammlung von etwa 40 Dörfern, liegen rund 230 km südwestlich von Abu-Dhabi-Stadt und erstrecken sich bogenförmig am Rand der legendären großen Wüste Rub al-Khali („Leeres Viertel") über 100 km von Hamim im Osten bis Arrada im Westen.

Die Oasen wurden seit dem 16. Jh. vom Stamm der Bani Yas bewohnt und in den

BÜCHER & FILME

Die Brunnen der Wüste – spannender Bericht des Arabienforschers Wilfred Thesiger über seine Durchquerung der Rub al-Khali, des „Leeren Viertels", in den Jahren 1947 bis 1950

Die Vereinigten Arabischen Emirate zwischen Vorgestern und Übermorgen – die Gesellschaft eines Golf-Staates im Wandel – von Frauke Heard-Bey (2010); die deutsche Historikerin war von Anfang an dabei

Moderne arabische Frauen/Modern Arab Women – Die neue Generation in den V. A. E. – Die Autorin Judith Hornok thematisiert den Rollenwandel emiratischer Frauen, zeigt ihr Selbstbewusstsein und ihre Stärke (deutsch/engl., 2011)

Syriana – in dem Polit-Thriller (2005, Regie: Stephen Gagan) mit George Clooney und Matt Damon geht es um Erdöl. Dubai und die Emirate mit ihrer einzigartigen Wüstenlandschaft liefern dazu den Hintergrund

Black Gold – Ab den 1930er-Jahren streiten sich in der Wüste der Arabischen Halbinsel zwei Sultane (Antonio Banderas und Mark Strong) um schwarzes Gold, also Erdöl (2011, Regie: Jean-Jaques Annaud)

AL-AIN

1940er-Jahren von dem britischen Entdeckungsreisenden Wilfred Thesiger („Die Brunnen der Wüste") besucht. Obwohl auch hier der Fortschritt einzog, mittlerweile ein Großteil der Bewohner aus Asien stammt, moderne landwirtschaftliche Maschinen die Arbeit in den Dattelplantagen und den zahlreichen Gemüsefeldern erleichtern, herrscht in den Dörfern eine ruhige, beschauliche Atmosphäre. Dies rührt vor allem daher, dass die Oasendörfer (etwa 100 000 Ew.) abgeschieden von allen anderen Siedlungen liegen. Die Liwa-Oasen sind deshalb nach wie vor der beste Ort in den Emiraten, um die Einsamkeit und grandiose Schönheit der arabischen Wüste hautnah zu erleben (s. Erlebnistour 4).

Eine Unterkunft, die der Landschaft in nichts nachsteht, bietet das Wüstenhotel ● *Qasr al-Sarab (205 Zi. | Hanim | 1 Qasr al Sarab Road | Tel. 02 8 86 20 88 | www.qasralsarab.anantara.com | €€€)*. Das Resort gehört zu den schönsten Hotels des Emirats, einzigartig sind sowohl seine einsame Lage inmitten von Sanddünen als auch das Design: mit viel Liebe zum Detail und im genuin arabischen Stil. Die Zimmergrößen beginnen bei 40 m², die angeschlossenen Restaurants vereinen beste Küche mit romantischem Wüstenambiente. Das Freizeitprogramm umfasst Wüstentouren mit dem Geländewagen und mit Kamelen sowie Besuche im hervorragenden Anantara Spa. Frühaufsteher genießen die *nature walks* genannten Wanderungen durch die Wüste.

SIR BANI YAS ★
(135 B–C 1–2) (*M C6*)

8 km gegenüber der Halbinsel Jebel Dhanna wurde die 87 km² große Insel Sir Bani Yas als Wildlife Reserve eingerichtet. Sie ist schon seit 2000 Jahren besiedelt, im 7. Jh. war sie von Christen bewohnt. Mangroven, Steppe, Busch und Süßwasserteiche ergänzen die Wüstenlandschaft um die 150 m hohen Berge (*sir = steiniger Hochplatz*), in der 3 Mio. Pflanzen und Bäume angepflanzt wurden. Auf seiner ehemaligen Privatinsel siedelte Sheikh Zayed Oryx- und andere Antilopen, Rehe, Giraffen, Hyänen, Gazellen, Emus und viele weitere Tiere an – heute leben schätzungsweise 20 000 im Reservat. Ein Besuch der Insel ist auch durch die Buchung einer *Desert Safari Tour (450 Dh)* im Desert-Islands-Hotel möglich.

🌱 Drei Hotels der renommierten Anantara-Kette bieten umweltfreundliches Wohnen im luxuriös-rustikalen Wüstenstil sowie Strand- und Wildlife-Erlebnisse, darunter das *Desert Islands Resort & Spa (64 Zi. | Tel. 02 8 01 54 00 | www.desertislands.anantara.com | 250 km westlich von Abu-Dhabi-Stadt)*.

AL-AIN

(135 E–F 1–2) (*M K6*) **Eine moderne Oase: Üppige Gärten und zwei Dutzend Parks prägen die weitläufige, von vierspurigen, blumenbepflanzten Straßen und ungezählten Verkehrskreiseln durchzogene Stadt Al-Ain (490 000 Ew.).**

160 km östlich von Abu Dhabi am Fuß des Jebel Hafeet (1348 m) gelegen, schuf ihr Wasserreichtum das landwirtschaftliche Zentrum des Emirats, das als Geburtsort von Sheikh Zayed zum Vorzeigeobjekt ausgebaut wurde. Noch in den 1970er-Jahren bestand Al-Ain aus einer Handvoll Dörfern, die sich um die Süßwasserquellen gruppierten und deren Bewohner von den Erträgen der Dattelpalmen lebten. Heute werden die bronzezeitlichen Siedlungen der Umgebung erforscht, studieren junge Emiratis an der UAE University, und die moderne Stadt hat sich dem Tourismus geöffnet.

ABU DHABI

> **WOHIN ZUERST?**
> Von Dubai oder Abu Dhabi kommend fahren Sie mit dem Auto über die Khalifa Bin Zayed Street rechts in die Al-Ain Street zum **Clock Tower**. Dort parken Sie und gehen die Al-Ain Street zum Al-Ain Palace Museum. Quer durch die alte Al-Ain Oasis gelangt man dann zum Al-Ain Fort und zum National Museum.

SEHENSWERTES

AL-AIN FORT

Neben dem National Museum liegt das Al-Ain Fort (auch Sultan Fort und Eastern Fort genannt), das 1910 von Sheikh Sultan al-Nahyan (dem Vater des ersten Präsidenten der VAE, Sheikh Zayed) erbaut wurde. Es ist von quadratischer Form mit Rundtürmen und bestand ursprünglich aus sonnengetrockneten Lehmziegeln. Einige Räume des restaurierten Forts dienen als Museum, der Hof wird für Veranstaltungen genutzt. *Sa–Do 8.30–19.30, Fr 15–19.30 Uhr | Eintritt frei | Zayed bin Sultan Street/nahe Murabba R/A*

AL-AIN NATIONAL MUSEUM ★

Das beste und bedeutendste Museum der Oase: Ein einzigartiger Schatz sind die 5000 Jahre alten Hili-Exponate. Wer sich, zum Beispiel aus Zeitgründen, zwischen der archäologischen Ausgrabungsstätte (s. S. 46) und dem Museum entscheiden muss, sollte Letzteres vorziehen. Neben dem Al-Ain Fort gelegen, verwahrt das moderne Museum die Fundstücke aus der Bronzezeit bis in die islamische Gegenwart aus dem Hili Archaeological Park und dem Jebel Hafeet. Sie sehen auch ethnografische Exponate, Beduinenschmuck und Fotos, die die Entwicklung der Erdölförderung illustrieren. Eher kurios muten die ausgestellten Staatsgeschenke an den 2004 verstorbenen Sheikh Zayed an. *Sa–Do 8–19, Fr 15–19.30 Uhr | Eintritt 3 Dh | Zayed bin Sultan Street/nahe Murabba R/A*

Keramiken aus vorislamischer Zeit und vieles mehr: Al-Ain National Museum

AL-AIN

AL-AIN OASIS
Dichte Palmengärten, in denen das Wasser in steinernen Falaj-Kanälen zu den Feldern gelenkt wird, verbreiten in der Oase neben dem Eingang zum National Museum eine friedliche Atmosphäre. Ein Netz von Wegen, an denen u. a. kleine Moscheen aus Lehm liegen, erschließt das Gebiet, dessen Gemüsefelder und Palmenhaine von niedrigen Mauern umschlossen sind. Die Beschaulichkeit, die üppige Vegetation und ein Hauch von Nostalgie, der über der Oase liegt, begeistern jeden Spaziergänger. *Zentrum*

AL-AIN PALACE MUSEUM
Ein ehemaliger Palast der Herrscherfamilie wurde restauriert und erweitert und dient im Wesentlichen der Dokumentation des Lebens und der Familie von Sheikh Zayed. Ein großes Diwaniya-Zelt lädt zu Kaffee und Datteln. *Di–So 8.30–19.30, Fr 15–19.30 Uhr | Eintritt frei | 118th Street (Sanaya Road) | Al-Mutawaa*

AL-AIN ZOO
Ein Tierpark, der auch zum entspannten Spaziergang in herrlich gestalteter Natur einlädt: Zwischen Savannengras, Palmen und großen Teichen leben auf 850 ha 4000 Tiere, darunter Löwen, Antilopen, Krokodile, Gorillas und riesige Schildkröten. Jeden Abend findet eine humorvoll interpretierte **INSIDER TIPP** Vogel- und Tiershow (kostenlos) statt. Mit Cafeteria und Erfrischungsständen. *Tgl. 9–20 Uhr | Eintritt 20 Dh | Zoo R/A, Zayed Al-Awwal/Nahyan Al-Awwal Street | www.alainzoo.ae*

INSIDER TIPP AL-JAHILI FORT
Zinnen, zwei gewaltige Rundtürme und ein mächtiges Holztor: Die größte Fortanlage der Stadt wurde von Sheikh Zayed Bin Khalifa 1898 errichtet. Der Hauptturm erhebt sich in vier Ebenen, die sich nach oben verjüngen. 1918 kam in dem Fort Sheikh Zayed zur Welt, das 2004 verstorbene charismatische Staatsoberhaupt der VAE, dessen Porträt in Al-Ain überall zu sehen ist. Das Fort zeigt auch eine Fotoausstellung der Arbeiten von Sir Wilfred Thesiger, dem britischen Entdeckungsreisenden, der ab 1945 die große arabische Sandwüste Rub al-Khali durchquerte. *Sa–Do 8–18, Fr 15–20 Uhr | Eintritt frei | Al-Ain Street | Al-Jahili*

INSIDER TIPP AL-QATTARA ARTS CENTRE
Das restaurierte Fort mit seinem großen Innenhof beherbergt heute ein Kunstzentrum mit Galerie: Zeichnungen, Gemälde, Töpferwaren, Fotografien. *Sa–Do 9–20 Uhr | Eintritt frei | Al-Qattara Oasis*

CAMEL MARKET
Es riecht streng nach Kamelen, die auf dem großen Gelände in umzäunten Gehegen gehalten werden. Auf dem letzten großen Kamelmarkt der Emirate werden keine teuren Rennkamele, sondern Schlacht-, Milch- und Zuchtkamele verkauft. Eine Kostprobe Kamelmilch gibt's gegen ein Trinkgeld. Auch kleine Kamele sind zu sehen. Die Stimmung ist derbfreundlich, wenn Sie fotografieren möchten, bitten Sie besser um Erlaubnis und geben den pakistanischen Betreuern ein Bakschisch. *Tgl. 7–13 Uhr | Eintritt frei | Meyzad Road (Street 137) | hinter der Bawadi Mall (15 km südöstl. des Zentrums)*

HILI ARCHAEOLOGICAL PARK
Der Park, auch *Hili Gardens* genannt, wurde um eine restaurierte Grabanlage aus der Zeit um 2700 v. Chr. *(Hili Tomb)* angelegt. In seiner Umgebung liegen mehrere antike Gräber und die Reste einer bronzezeitlichen Siedlung. Die Sensation ist jedoch nach wie vor das *Grand Tomb*, das sogenannte Große Grab, das mehr als vier Jahrtausende alt ist und

ABU DHABI

einen Durchmesser von 10 m aufweist. Es ist eines der letzten Überbleibsel der mysteriösen Umm al-Nar-Kultur, die zwischen 3000 und 2000 v. Chr. erstmals in der Region eine größere Zivilisationsepoche begründete. Hier in Hili war der Mittelpunkt der untergegangenen Kul-

"Programm", dazu bestellt man sich aus der philippinisch geprägten Speisekarte zum Beispiel Gemüse süß-sauer oder gegrillte Meeresfrüchte. Billig und gut, und im ersten Stock gibt es eine Internetecke. *Tgl. | Khalifa Street | Tel. 03 76 60 336 | €*

Camel Market: In derb-freundlicher Atmosphäre wechseln Kamele den Besitzer

tur. Die Fundstücke sehen Sie im *Nationalmuseum (s. S. 45). Sa–Do 16–22, Fr 10–22 Uhr | Eintritt 3 Dh | Arz al-Bahar Street | ab Mohammed Bin Khalifa Road (10 km nördl. Ri. Dubai)*

ESSEN & TRINKEN

AL-DIWAN
Libanesische und iranische Küche sowie Fischgerichte und eine große Auswahl an Schalentieren; hier treffen sich viele arabische *expatriates* in lebhafter Atmosphäre. *Tgl. | Khalifa Street | nahe der Union Bank | Tel. 03 7 64 44 45 | €€*

GOLDEN FORK
Ein Erfrischungshandtuch zur Begrüßung, Suppe und Wasser gehören zum

THE WOK
Eines der besten Restaurants der Stadt: orientalische und asiatische Küche, Fisch- und Meeresfrüchtebuffets, wechselnde kulinarische Themenabende, separate Sushi-Bar. *Tgl. | Danat Al-Ain Resort | Al-Salam Street | Tel. 03 7 04 60 00 | www.danathotels.com | €€€*

EINKAUFEN

INSIDER TIPP SOUK AL-QATTARA
In einem Laden wird *khobuz*, traditionelles Fladenbrot, zubereitet, in einem anderen werden Tonkrüge gefertigt und bestickte Kaftane: Wo früher die Großeltern zum Einkaufen kamen, staunen heute deren Enkel über den authentisch restaurierten Souk, einst gesellschaftli-

AL-AIN

ches Zentrum der Oase. *Tgl. 8–13 u. 16–22 Uhr | Al-Qattara Oasis*

INSIDER TIPP ▶ SOUK AL-ZAAFARANA
Hier trifft man Einheimische auf der Suche nach traditionellen Kleidungsstücken, Gewürzen, Duftharzen, Henna, arabischen Kaffeekannen und Ähnlichem. Zum Bereich „Mubdia Village" haben nur Frauen Zutritt. *Tgl. 10–13 u. 20–24 Uhr | Awwal Street/130th Street | Al-Jimi*

ÜBERNACHTEN

AL-AIN ROTANA
Die in den VAE beliebte 5-Sterne-Kette besitzt in Al-Ain das beste Haus der Stadt mit schön designten Zimmern und in günstiger Innenstadtlage. Das hervorragende Restaurant mit Blick auf die Poolanlagen ist schon zum Frühstücksbuffet geöffnet. Abends treffen Reisegruppen auf Bürger der Stadt, denn im Restaurant speist man vorzüglich. *198 Zi. | Sheikh Zayed Road | Tel. 03 7 54 51 11 | www.rotana.com | €€€*

CITY SEASONS
Das moderne Mittelklassehaus bietet Fitness, Pool, Ayurveda-Massagen, Health Club und geräumige Suiten. *48 Zi. | Khalifa Street | Muwaiji | Tel. 03 7 55 02 20 | www.cityseasonshotels.com | €*

GREEN MUBAZZARAH CHALETS
Hier erholen sich die Einheimischen: In properen, neu erbauten Chalets, luxuriös ausgestattet, die 13 km südlich der Stadt am Fuß des Jebel Hafeet erbaut wurden, lassen sich die gepflegten Gärten und Parkanlagen sowie die Hot Springs (Pools mit Thermalwasser) genießen. Man kocht selbst oder isst im resorteigenen Restaurant. *200 Chalets | Jebel Hafeet Street | Tel. 03 7 83 95 55 | www.mubazzarah.150m.com | €€*

FESTIVALS IN ABU DHABI

Kultur wird seit einigen Jahren in Abu Dhabi großgeschrieben, Saadiyat wird zurzeit zu einer „Island of Culture" mit mehreren neuen Kulturmuseen ausgebaut. Das Emirat bemüht sich auch, statt Shopping entsprechende Festivals ins Leben zu rufen. Alljährlich vom 3. bis 30. April findet im Emirates Palace und im Abu Dhabi Theatre das *Abu Dhabi Festival (www.abudhabievents.ae)* statt: Theateraufführungen, Tanzdarbietungen und Konzerte (von Klassik bis Jazz) internationaler Ensembles.

Beim *Abu Dhabi Food Festival (zwei Wochen im Februar | Auskunft und Reservierung: Abu Dhabi Tourism & Culture Authority TCA | www.abudhabievents.ae)* bieten Sterneköche aus Ost und West Veranstaltungen vom Kochkurs bis zum Royal Dinner. In den großen Hotels genießt man dann Spezialitäten aus aller Welt.

Der *Große Preis von Abu Dhabi (jedes Jahr im November | www.abudhabi-grand-prix.com)* des Formel-1-Motorsportrennens wird auf Yas Island ausgetragen. Der spektakuläre Kurs führt teilweise dicht am Hafenbecken (Yas Marina Circuit) vorbei sowie unter einer Brücke des Yas Hotel hindurch, das einen Teil der Strecke überspannt. Im Anschluss an die Rennen finden zum Teil hochkarätige Pop- und Rockkonzerte statt.

ABU DHABI

Jebel Hafeet: der höchste Berg des Emirats Abu Dhabi

MERCURE GRAND JEBEL HAFEET
In 915 m Höhe liegt an der kurvigen Straße auf den Jebel Hafeet (15 km südlich Al-Ains) das Mittelklassehaus mit Blick aus den Zimmern auf die Bergwelt. *124 Zi. | Jebel Hafeet Street | Tel. 03 7 83 88 88 | www.mercure.com | €€*

AUSKUNFT

Al-Ain Municipality | Ali bin Abu Taleb Street | Tel. 03 7 64 20 00 | www.alain.ae

ZIELE IN DER UMGEBUNG

JEBEL HAFEET (135 F2) (*K6–7*)
15 km südlich der Stadt Al-Ain schraubt sich eine 12 km lange Straße in 60 Serpentinen auf den 1348 m hohen Jebel Hafeet, den höchsten Berg des Emirats Abu Dhabi.
An seinem Fuß liegt das *Wadi Adventure (So–Do 11–20, Fr/Sa 10–20 Uhr | Eintritt 50 Dh, Wildwasser 100 Dh/90 Min., Surfen 100 Dh/55 Min., Kayak 150 Dh/ganztags | www.wadiadventure.ae)*, ein außergewöhnlich schöner Wasserpark mit künstlichem See und Bereichen für Surfer (3 m hohe Wellen). Über wilde Stromschnellen fährt man mit Kayaks und Schlauchbooten.

OASE BURAIMI (135 F1) (*K6*)
Die Oasenstadt Buraimi, einst ein wichtiger Rastplatz von Karawanen, gehört zu Oman und schließt sich nordöstlich an Al-Ain an; vom Zentrum Al-Ains sind es nur 5 km. Für den Besuch der Oase benötigt man zurzeit ein Visum für Oman. Der Übergang erfolgt am Hili Departure Border Post.
Sehenswert ist das historische *Fort Al-Khandaq (Sa–Do 8–18, Fr 8–12 u. 16–18 Uhr | Eintritt frei)* an der Main Road mit seinen wuchtigen Ecktürmen, detailgetreu und perfekt restauriert. Der überdachte Souk neben dem Fort bietet Lebensmittel und auch Souvenirs feil. Hinter dem Souk liegt eine Datteloase mit engen, mauerbegrenzten Wegen.

DUBAI

Sieben-Sterne-Hotels, das höchste Bauwerk der Welt, künstlich geschaffene Inseln, der größte Wasserpark: Dubai ist vor allem für seine Superlative bekannt. Auf der Jagd nach neuen Rekorden avancierte das Emirat selbst zu einer Art Weltwunder.

Dubai ist nicht nur das extravagante Handels- und Wirtschaftszentrum des Mittleren Ostens, eine Drehscheibe für Waren, Finanzen und Dienstleistungen, sondern auch touristisch das bedeutendste der sieben Emirate. Die Einnahmen aus dem internationalen Fremdenverkehr haben die Abhängigkeit vom Öl beendet. Mit der Aufschüttung künstlicher Inseln vor seiner Küste im Arabischen Golf sowie gewaltigen Immobilienprojekten im Meer, in der Stadt und in der Wüste ist Dubai (2,2 Mio. Ew.) aber auch schon seit Jahren eine gigantische Baustelle. Mittlerweile dehnt sich das Scheichtum 40 km nach Süden bis Jebel Ali und nach Osten bis Dubailand aus, und fast alle Einwohner wohnen in diesem Bereich.

Die Entdeckung von Erdöl verhalf dem 3900 km^2 großen und größtenteils aus Wüste bestehenden Emirat in den 1960er-Jahren zum Sprung in die Neuzeit. Gegründet wurde Dubai um 1830, als ein Vorfahre der heute regierenden Al-Maktoum-Familie an den Dubai Creek übersiedelte. Nachdem die Briten mit den Stammesfürsten ab 1835 Verträge zum Schutz der Handelswege nach Indien geschlossen hatten, zogen iranische und indische Händler an den Creek. Multikulturell ist das Emirat heute in beson-

Bild: Dubai Marina

Megametropole und kosmopolitischer Handelshafen – utopische Bauprojekte und Spielwiese für Superreiche

CITY WOHIN ZUERST?
Startpunkt einer Stadtbesichtigung ist der Creek, der Dubai teilt. Man schlendert vom **Sheraton Dubai Creek Hotel** *(Metro Union Square)* am Ufer Richtung Meer und setzt mit einer *abra* von Deira nach Bur Dubai über. Durch Basarstraßen geht es zum Dubai Museum im Al Fahidi-Fort und ins historische Bastakiya-Viertel.

derer Weise: In Dubai leben Menschen aus mehr als 120 Nationen. Mit einem Anteil von nur 8 Prozent stellen die stolzen Einheimischen heute eine Minderheit im eigenen Land dar. Genaue Informationen im MARCO POLO Band „Dubai".

DUBAI-STADT

KARTE IM HINTEREN UMSCHLAG
(130 C4) (*M* J4) **Shoppingmalls, Strände und künstliche Inseln: Der his-**

51

DUBAI-STADT

torische Handelshafen am Creek wuchs zur größten Stadt der VAE, zum glamourösen internationalen Urlaubsziel.
Arabische Souks und moderne Shoppingcenter verführen in Dubai zum Einkaufen, an feinsandigen Stränden lacht die Sonne das ganze Jahr. Für jeden Geldbeutel gibt es das passende Hotel, um die dynamische Stadt und deren enorme Vielfalt zu erleben.

Wenn Sie sich am Creek, der traditionellen Lebensader Dubais, aufhalten, scheint sich nicht viel verändert zu haben: Dickbäuchige Dhaus, schwer beladen aus Iran und Indien eingelaufen, liegen vertäut vor der Al-Khor Corniche, Dubais Uferpromenade. Südlich des Meeresarms liegt Bur Dubai mit dem historischen Fort und Emirpalast, nördlich Deira mit einer Mischung aus modernen Hochhäusern und älteren Bauwerken sowie zahlreichen orientalischen Souks. Brücken und Tunnel verbinden die Stadtteile. Nach Süden zieht sich die Sheikh Zayed Road mit architektonisch ausgefallenen Wolkenkratzern, während die am Strand verlaufende Jumeirah Road mit ihren luxuriösen Strandhotels die Domäne der Touristen ist. Hier erhebt sich das Burj-Al-Arab-Hotel, das teuerste Hotel der Welt, das noch vor wenigen Jahren als kühnstes Bauprojekt Dubais galt. Schon überholt: Vor der Küste entstehen jetzt *The World* und palmenförmige künstliche Inseln, Refugien für Reiche, die demonstrieren, dass in Dubai alles möglich ist.

Eines von Dubais Wahrzeichen: Burj Khalifa

SEHENSWERTES

AL-FAHIDI HISTORICAL NEIGHBOURHOOD (BASTAKIYA) ★

Auf der Südwestseite des Creeks in Bur Dubai liegt Bastakiya, Dubais ältestes Viertel. Herrlich traditionell: In Ockergelb und hellem Braun leuchten die zweistöckigen Windturmhäuser mit wuchtigen Holztüren und hölzernen Fenstergittern. In kleinen Läden werden Weihrauch, Duftöle, Antiquitäten, Kunsthandwerk und Souvenirs verkauft. Um 1900 errichteten hier Händler aus Persien ihre Häuser aus Korallenkalkstein, heute allesamt prächtig restauriert. *Al-Fahidi Street | Bur Dubai | Metro Al Fahidi*

BURJ AL ARAB ★

Das bekannteste Hotel der Welt, der „Arabische Turm", wurde 1999 auf einer künstlichen Insel vor dem Strand ins Meer gebaut. 321 m hoch ragt das Wahrzeichen Dubais in den Himmel und bläht seine Dhau-Segel aus Beton und Glas. Zur Besichtigung ist eine Reservierung in einem der Cafés, Restaurants oder Bars *(50–120 Euro/Person)* nötig, mit Anga-

DUBAI

be der Kreditkarte erhält man eine Reservierungsnummer für die Pforte. Man kann auch eine Besichtigungstour im Reisebüro buchen. *Jumeirah Road | Tel. 04 3 01 76 00 | Tel. 04 3 01 77 77 | www.burj-al-arab.com | www.jumeirah.com | Metro Red Line FGB*

BURJ KHALIFA ★

Von fast überall sichtbar: Das höchste Gebäude der Welt wurde 2009 fertiggestellt. Der 828 m hohe Turm beherbergt Apartments, Büros und Hotels, darunter das Armani-Hotel. Auf der 124. Etage des Turms liegt in 442 m Höhe die ★ Aussichtsplattform „At the Top". Tickets erhält man in der Dubai Mall am „At the Top"-Schalter. Dann geht es über ein Laufband zum Burj Khalifa und in einen doppelstöckigen Fahrstuhl, der Besucher ohne Stopp in einer Minute zum Besucherdeck bringt. Tickets (Online-Reservierung empfehlenswert) 125 Dh, „fast track" 300 Dh, ab 15.30 Uhr 200 Dh *Tgl. 8.30–24 Uhr | Financial Centre Road | ab Sheikh Zayed Road 1st Interchange (Defence R/A) | www.burjkhalifa.ae | Metro Red Line Dubai Mall*

DUBAI FOUNTAIN ●

Eine künstlerische Inszenierung aus hoch in die Luft schießenden Wasserfontänen, die im Takt von klassischer Musik tanzen – der Dubai Lake zu Füßen des Burj Khalifa erfreut die Vorübergehenden mehrmals pro Stunde, besonders, wenn in der Dunkelheit noch ein üppiges Farbenspiel dazukommt. *Sa–Do 13, 13.30 u. 18–23, Fr 13.30, 14 u. 18–23 Uhr | Dubai Mall | Financial Centre Road | ab Sheikh Zayed Road, 1st Interchange | Metro Red Line Dubai Mall*

DUBAI MUSEUM ★

Nachhilfe zu Geschichte und Landeskunde: Dieses einzigartige Museum bietet in den historischen Räumen des alten Forts, ergänzt durch einen modernen unterirdischen Trakt, einen umfassenden Einblick in Leben und Kultur in Dubai in vergangener Zeit. Jahrtausendealte Fundstücke aus den wenigen Ausgrabungsstätten der Region, ergänzt durch moderne Präsentation, gekonnte Museumsdidaktik und technisch einwandfreie Multimediashows überzeugen selbst Museumsmuffel. *Sa–Do 8.30–20, Fr 15–21 Uhr | Eintritt 3 Dh | Al-Fahidi Fort | Al-Fahidi Street | Bur Dubai | Metro Green Line Al Fahidi*

HERITAGE & DIVING VILLAGE

Kamele, Henna-Malereien, Perlentauchen und Windturmhäuser: In den bei-

MARCO POLO HIGHLIGHTS

★ **Burj Al Arab**
Monument im Meer und Dubais Wahrzeichen → S. 52

★ **Burj Khalifa**
Das höchste Bauwerk der Welt – nicht nur von außen zum Staunen → S. 53

★ **Dubai Museum**
Dubais Geschichte, gezeigt im alten Herrscherpalast → S. 53

★ **Aquaventure**
Der aufregendste Wasserpark am Arabischen Golf → S. 56

★ **Al-Fahidi Historical Neighbourhood (Bastakiya)**
Dubais historisches Viertel ist ein Gesamtkunstwerk → S. 52

★ **The Palm Jumeirah**
Dubais teuerste Adresse: die künstliche Palmeninsel → S. 54

DUBAI-STADT

den Museumsdörfern werden die architektonischen und maritimen Traditionen der Region zum Leben erweckt. Kommen Sie nach Sonnenuntergang, dann sind auch Einheimische da. *Tgl. 8.30–22.30 Uhr | Eintritt frei | Shindagha Road | Bur-Dubai-Seite der Creek-Mündung | Metro Green Line Al Ghubaiba*

JUMEIRAH-MOSCHEE
Eine elfenbeinweiße Moschee von 1983 in verspielter arabischer Architektur mit 10–11.15 Uhr Führung | 10 Dh). Männer müssen lange Hosen tragen, Frauen bekommen bei Bedarf eine schwarze *abaya* und ein Tuch. *Jumeirah Road | www.cultures.ae | Metro Red Line Trade Centre*

THE PALM JUMEIRAH ★
Einfach ist es, einen Blick auf die 4 km lange künstliche Insel mit Villen, Hotels, Restaurants, Geschäften, Marina mit Sportbooten und den Wasserpark *Aquaventure* (s. S. 56) zu werfen. Die Hoch-

Der Duft des Orients: säckeweise Gewürze im Spice Souk

einem Doppelminarett und einem von Säulen getragenen Kuppeldach, die mit Beginn der Dämmerung von Tausenden kleiner Lichter angestrahlt wird. Nichtmoslems sind die Moscheen des Emirats verschlossen – die glanzvolle Jumeirah Mosque ist eine Ausnahme. Das Sheikh Mohammed Centre for Cultural Understanding bietet INSIDER TIPP einstündige geführte Besuche der Moschee *(Treff Sa–Do vor der Moschee gegenüber dem The-One-Möbelhaus, ab 9 Uhr Registrierung,*

bahn INSIDER TIPP *Palm Monorail* (15 Dh, retour 25 Dh | www.palm-monorail.com) führt von der Küstenstation „Gateway" beim Hotel Royal Mirage über The Palm Jumeirah bis zum Hotel Atlantis; zwischendurch hält sie zweimal.

ESSEN & TRINKEN

INSIDER TIPP ARABIAN TEA HOUSE
Eine Mischung aus orientalischem und mediterranem Gartenrestaurant, in ei-

DUBAI

nem der restaurierten Häuser des Bastakiya-Viertels: Salate, Suppen, köstliche Säfte und Pfefferminztee – stilvolle Pause beim Stadtbummel. *Tgl. | 63 Al-Fahidi Street | Al-Fahidi R/A | Tel. 04 3 53 50 71 | www.arabianteahouse.co | €€ | Metro Green Line Al Fahidi*

BALLARÒ
Eine Oase inmitten der Stadt ist die zum Pool hin ausgerichtete Terrasse. Neben vorzüglichen Lunchbuffets, ästhetisch dargeboten mit Fingerfood, Life Cooking Stations und italienisch-internationaler Küche lockt der Friday Brunch europäische Expatriates, abends sorgen Kerzen und Musik für Lounge Feeling. *Tgl. | im Hotel Conrad | Sheikh Zayed Road | Tel. 04 4 44 71 11 | www.conraddubai.com | €€€ | Metro Red Line World Trade Centre*

SOCIAL BY HEINZ BECK
Zeitgenössische italienische und mediterrane Küche von Heinz Beck, u. a. Chef des 3-Sterne-Restaurants „La Pergola" in Rom. Entspannte Atmosphäre – erst um 21 Uhr sind alle Gäste eingetroffen. Nach den Amuse-Gueules gibt es eine Auswahl an Startern, Intermezzi und Hauptspeisen. Tipp: ☼ Tisch auf der Terrasse mit Blick auf die Skyline und Palm Jumeirah. *Tgl. 19–24 Uhr | im Waldorf Astoria | Crescent Road/The Palm Jumeirah | Tel. 048122222 | www.waldorfastoria3.hilton.com | €€€ | Monorail Atlantis*

VEGETARIAN RESTAURANT
Das südindische „Thali", diverse Gemüse- und Linsencurrys mit Reis, Chapati und Dessert, ist ausreichend für zwei, auf Wunsch bringt man einen weiteren Teller und zwei Bestecke. Eine Flasche Mineralwasser kostet 2 Dh! Hier isst man authentisch indisch und günstig dazu. *Tgl. | Meena Bazaar | Tel. 04 3 51 38 03 | € | Metro Green Line Al Ghubaiba*

EINKAUFEN

Einen Besuch lohnen der *Gold-Souk (Sikkat al-Khail Street | Deira),* nebenan der 🔵 *Gewürz-Souk (Spice Souk),* wo aus offenen Jutesäcken Safran und Zimt verkauft werden, und der *Parfüm-Souk (Sikkat al-Khail | Deira),* wo Sie arabische Duftessenzen erstehen können.

DUBAI MALL 🟠
Die Mall bietet auf 223 000 m² mehr als 1200 Geschäfte, um die 40 Gastronomiebetriebe, eine große Eislaufbahn *(www.dubaiicerink.com)* und das 🟢 *Dubai Aquarium (www.thedubaiaquarium.com)* (hinter einem Sichtfenster von 33 x 8 m Größe oder von einem Tunnel aus sieht man 20 000 Fische). *Tgl. 10–24 Uhr | Financial Centre Road | ab Sheikh Zayed Road, 1st Interchange | www.thedubaimall.com | Metro Red Line Dubai Mall*

INSIDER TIPP KINOKINUYA
Ein Himmel für Bücherfreunde und Leseratten: Ob Bücher über Gartenkunst oder Buddhismus, Romane, Bildbände oder Taschenbücher – der Ableger der japanischen Kette gleicht einer gewaltigen Bibliothek. *Tgl. 10–24 Uhr | Financial Centre Road | Dubai Mall | ab Sheikh Zayed Road / 1st Interchange | Metro Red Line Dubai Mall*

MALL OF THE EMIRATES
466 Geschäfte und Markenboutiquen der oberen Preisklasse, darunter ein Ableger des britischen Edelkaufhauses Harvey Nichols. Die Mall ist mit *Ski Dubai* (s. S. 56) verbunden, in das man durch Fenster auch einen Blick werfen kann. *So–Mi 10–22, Do–Sa 10–24 Uhr | Sheikh Zayed Road | zwischen Interchange 4 und 5 | www.malloftheemirates.com | Metro Red Line Mall of the Emirates*

DUBAI-STADT

Skilaufen in der Wüste: Ski Dubai in der Mall of the Emirates macht's möglich

SOUK MADINAT JUMEIRAH

Die Edelversion eines Basars: Diese Nachbildung einer historischen Soukgasse gehört zu dem Komplex der drei Luxushotels Al-Qasr, Dar Al-Masyaf und Mina A'Salam, die durch Wasserwege miteinander verbunden sind. Neben 75 kleinen Läden gibt es viele Cafés und Restaurants. *Tgl. 9–24 Uhr | Madinat Jumeirah | Umm Suqeim Street | www.madinatjumeirah.com | Metro Red Line Mall of the Emirates*

STRÄNDE

Dubais Hausstrand ist der helle und feinsandige *Jumeirah Beach*, der sich ab Jumeirah Mosque kilometerweit nach Süden zieht, Adresse zahlreicher Luxushotels. Zu Beginn liegt der frei zugängliche *Open Beach*, gegenüber dem JBR Walk an der Dubai Marina liegen Beachclubs der Hotels (gegen Gebühr auch für Nicht-Gäste zugänglich) sowie ein gepflegter, frei zugänglicher **INSIDER TIPP** öffentlicher Strand (teilweise mit mietbaren Liegen und Sonnenschirmen).

FREIZEIT & SPORT

AQUAVENTURE ★

Auf dem Scheitelpunkt von The Palm Jumeirah liegt der zum Atlantis-Resort gehörende Wasserpark. Rutschen sorgen für mehr als Abkühlung, sieben beginnen auf dem 30 m hohen Turm „Ziggurat". Auf großen Gummiringen gleitet man über einen 2,3 km langen Flusslauf. Wartezeiten bei den Attraktionen am Wochenende. *Tgl. 10–18 Uhr | 250 Dh | Crescent Road/Jumeirah Road, Atlantis Resort | The Palm Jumeirah | www.atlantisthepalm.com | Metro Red Line Nakheel*

SKI DUBAI

Dubaier Schneekugel: Eine Winterwunderwelt, in der der Kunstschnee nur nachts fällt und konstant gute Sportbedingungen herrschen. In dieser Skihalle

DUBAI

sorgen fünf Pisten und bis zu 400 m lange Abfahrten für Spaß, sogar einen Sessellift und eine Skihütte mit heißem Kakao gibt es. *So–Mi 10–23, Do 10–24, Fr 9–24, Sa 9–23 Uhr | Eintritt 2 Std. 225 Dh, ganztags 500 Dh inkl. Ausrüstung | Sheikh Zayed Road | 4th Interchange | The Mall of the Emirates | Tel. 04 80 05 34 78 73 | www.theplaymania.com/skidubai | Metro Red Line Mall of the Emirates*

WATERBUS

Ein Waterbus verkehrt auf dem Creek auf vier Strecken zwischen Bur Dubai, Sabkha (Deira), Beniyas (Deira) und Seef (Creek Park), er kostet 2 Dh pro Kurzstrecke. **INSIDER TIPP** Die längste (touristische) Strecke zwischen Shindagha (Heritage Village) und Seef (25 Min. Dauer) kostet 25 Dh hin und zurück. *Tgl. 8–24 Uhr*

AM ABEND

IRIS LOUNGE

Der Ort für einen After-Dinner-Drink in stylischer Umgebung, dazu Musik vom DJ und eine von Lichtdesignern illuminierte Außenterrasse in der 27. Etage – und der Blick auf den Burj Khalifa, der quasi um die Ecke liegt. *Tgl. 19–2 Uhr | im Hotel Oberoi | Al-Amaal Street/Business Bay | Tel. 04 4 44 14 44 | www.oberoihotels.com | Metro Red Line Business Bay*

INSIDER TIPP MERCURY

In kürzester Zeit zu einem der schicksten und beliebtesten Clubs avancierte die Lounge auf der Dachterrasse des Hotelpalasts, orientalisch und hypermodern zugleich gestylt. Kaum zu übertreffender Blick auf die Skyline mit Jumeirah und Burj Khalifa, während der Blick zur anderen Seite und auf den Arabischen Golf noch etwas unter den vielen Baukränen leidet. *Tgl. 17–2 Uhr | im Hotel Four Seasons | Jumeirah Road | Tel. 04 2 70 77 77 | www.mercurydubai.com | Metro Red Line Business Bay*

ÜBERNACHTEN

DEIRA MÖVENPICK

Schweizer Tugenden: von den luxuriösen Zimmern bis zum gesunden Buffetfrühstück (mit Biosäften und Vollkornbrot) und den Restaurants erwartet die Gäste hier die hohe Mövenpick-Qualität. *216 Zi. | Abu Bakker Al-Siddique Road/Salahudddin Road | Deira | Tel. 04 4 44 01 11 | www.moevenpick-hotels.com | €€ | Metro Green Line Abu Bakker Al Siddique*

LOW BUDGET

Jede „Hafenrundfahrt" von Deira ins gegenüberliegende Bur Dubai (und umgekehrt) kostet mit der *abra* nur 1 Dh, rund 25 Cent.

In Hotels, Duty Free Shops, Shoppingmalls und Metrostationen erhält man für 65 Dh den *Travel Pass (Terhaal)* mit 2 Metrotickets (à 14 Dh Guthaben) und Gutscheinen für Themenparks und Wüstensafaris u. a. m.

Die Aussicht von „At the Top" vom 124. Stockwerk des Burj Khalifa kostet ab 125 Dh; eine ähnliche Aussicht ab 18 Uhr von der Bar *Neos* in der 63. Etage des gegenüberliegenden Hotels „The Address Downtown Dubai" kostet nur eine Cola. Dresscode: Männer nicht in kurzen Hosen.

Die *Dubai Mall* betreibt einen kostenlosen Shuttlebus von diversen Hotels zur Shoppingmall.

DUBAI-STADT

GOLDEN SANDS
Die Zimmer und Apartments mit ein bis drei Schlafräumen in neun Gebäuden am Rand von Bur Dubai sind zweckmäßig-modern mit Küchenzeile ausgestattet und beliebt bei Familien. Mit Frühstücksrestaurant und Pool auf der Dachterrasse; Autoverleih und Reisebüro im Haus. *616 Zi. | Al-Mankhool Road | Tel. 04 3 55 55 53 | www.goldensandsdubai.com | €€ | Metro Green Line Al Fahidi*

GOLDEN TULIP AL BARSHA
Nach Renovierung ist ein komfortables Hotel mit geschmackvollen Zimmern (mit Kaffeezubereiter) und einem kleinen Buffet-Frühstücksrestaurant entstanden. *125 Zi. | Al-Barsha | Tel. 04 3 41 77 50 | www.goldentulipalbarsha.com | €€ | Metro Red Line Sharaf DG*

JW MARRIOTT MARQUIS ☆
Mit 72 Stockwerken und 355 m Höhe das höchste Hotel der Welt. Highlight ist das außergewöhnliche Spa, Stadtgespräch ist das Frühstücksbuffet im Restaurant *Kitchen*, das diverse japanische, ceylonesische, indische und arabische Gerichte anbietet, ebenso wie die gewohnten internationalen Klassiker. Gäste der Executive Lounge genießen die abendliche Cocktailstunde und Hors d'œuvres mit Blick auf das Lichtermeer der Stadt aus der 37. Etage. *1608 Zi. | Sheikh Zayed Road | Business Bay | Tel. 04 4 14 00 00 | www.jwmarriottmarquisdubai.com | €€€ | Metro Red Line Business Bay*

NOVA
Zwischen indischen Restaurants und orientalischen Straßenläden im älteren Stadtteil Bur Dubai. Wer gern mittendrin wohnt und Geld lieber ins Shoppen investiert, wohnt hier richtig. Internetecke im Foyer. *84 Zi. | Al-Fahidi Street | Meena Bazar | Bur Dubai | Tel. 04 3 55 90 00 | www.dubainovahotel.com | € | Metro Green Line Al Fahidi*

ONE & ONLY ROYAL MIRAGE ●
Sonne, Sand und Meer auf höchstem Niveau: im Stil orientalischer Paläste, ausgestattet mit Antiquitäten, Blumenschmuck und einer Mischung aus edlem, modernem Design und arabischem Flair gehört das Royal Mirage zu den schönsten Hotels Dubais. Nach Sonnenuntergang verwandeln Lichter die Patios und Palmengärten in ein romantisches Paradies. *450 Zi. in 3 Häusern | Al-Sufouh Road | Tel. 04 3 99 99 99 | www.oneandonlyresorts.com | €€€ | Metro Red Line Nakheel*

WALDORF ASTORIA ☆
Das zweite Haus der legendären Kette in den VAE bietet neben Luxus, lichtdurchfluteten Balkonzimmern ab 52 m² und stets aufmerksamem Service eine der schönsten Strandlagen des Emirats. Zwei gewaltige temperaturkontrollierte Pools, diverse Sportmöglichkeiten und das Spa

DUBAI

versprechen Erholung vom Shoppen. *319 Zi. | Crescent Road | The Palm Jumeirah | Tel. 04 8182222 | www.waldorfastoria3.hilton.com | €€€ | Monorail Atlantis*

AUSKUNFT

DUBAI DEPARTMENT OF TOURISM & COMMERCE MARKETING

Mit „Welcome"-Kiosken im Flughafen *(24 Std.)* und in den Shoppingmalls Deira City, Burjuman, Hamarain, Wafi und Mercato *(jeweils 10–22 Uhr)*. *Al-Fattan Plaza | Airport Road | Al-Garhoud | Tel. 04 2821111 | www.dubaitourism.com | Metro Red Line GGICO*

ZIEL IN DER UMGEBUNG

HATTA (131 E5) (*L5*)

Traditionelle Sommerresidenz der Einheimischen zu Füßen des Hajar-Gebirges. Die Oase liegt 115 km östlich von Dubai. Etwa auf halber Strecke gelangt man zur ca. 100 m hohen Wüstendüne ● *Al-Hamar,* auch *Big Red* genannt, einem Stück Wüste wie aus dem orientalischen Bilderbuch. Leider muss man die Düne mit vielen Menschen teilen; mit Geländewagen und auf Quads (Motorrädern mit vier dicken Reifen) brettern junge Einheimische durch den Sand. Ruhiger ist es, mit einem Kamel unterwegs zu sein, auch dafür gibt es mehrere Anbieter.

Das von Bergen umgebene Hatta (10 000 Ew.) besitzt ein sehenswertes *Heritage Village*, ein rekonstruiertes Falaj-System und ein historisches *Fort (Sa–Do 8–20, Fr 14.30–20 Uhr | Eintritt 3 Dh)* mit zwei neu errichteten Türmen.

Das *Hatta Fort Hotel (50 Zi. | Tel. 04 8099333 | www.jaresortshotels.com | €€)* fasziniert durch seine Lage in einem tropisch gestalteten Park mit riesigem Pool und Blick auf das Hajar-Gebirge. Zudem werden Ausflüge organisiert zu den *Hatta Pools*, das sind in vielen Jahrtausenden in die Granitfelsen gegrabene Schluchten und Teiche, in denen ganzjährig Wasser fließt und das Schwimmen möglich ist.

Hier trifft der Begriff „Oase" voll ins Grüne: Hatta Fort Hotel

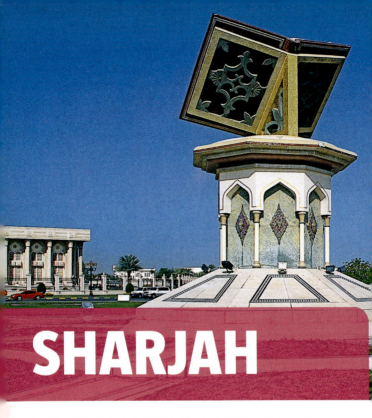

SHARJAH

Das drittgrößte der Emirate (2600 km²) nimmt schon von seiner Lage her eine Sonderstellung ein, weil seine Strände an zwei Meeren liegen: am Arabischen Golf und am Golf von Oman im Indischen Ozean.

Das zweite touristische Zentrum neben Sharjah-Stadt liegt an der Ostküste: die Exklave *Khorfakkan* mit ihren Sandstränden zu Füßen des bis zu 1500 m aufragenden Hajar-Gebirges ist ein Taucher- und Schnorchelparadies. Zu Sharjah (950 000 Ew.) gehören außerdem die an der südlichen Ostküste liegende Exklave Kalba (mit *Khor Kalba*) sowie ein Teil von *Dibba*. Auch in Sharjah kommen drei Viertel der Bevölkerung aus dem Ausland, im Wesentlichen aus Indien und Pakistan. Das Emirat verfügt über bedeutende Erdöl- und Erdgasvorkommen und besitzt leistungsstarke industrielle Produktionsbetriebe, darüber hinaus gilt es als Dienstleistungszentrum der VAE.

Sharjah war das erste der Emirate, das sich, um 1970, dem internationalen Tourismus öffnete. Durch das 1985 erlassene Alkoholverbot verlagerte sich der Besucherstrom in der Folge in das aufstrebende Dubai. Seit ein paar Jahren bemüht man sich in Sharjah erneut um Touristen: Angesprochen werden hauptsächlich Familien und Kulturinteressierte. Nach wie vor ist das Emirat konservativ, wenn es um islamische Werte geht: Ein „Anstandsgesetz" stellt das Tragen von Strandkleidung und bauchfreien Tops in der Öffentlichkeit unter Strafe, und Alkohol ist tabu.

Bild: Sharjah-Stadt, Roundabout

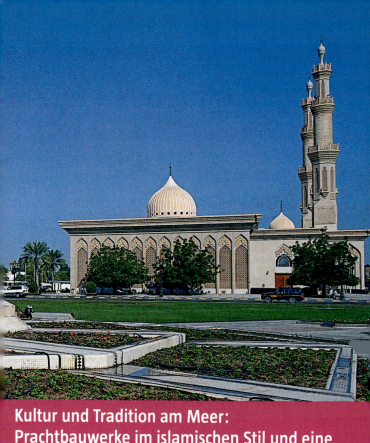

Kultur und Tradition am Meer: Prachtbauwerke im islamischen Stil und eine Fülle an Museen sind der Stolz des Emirats

> **WOHIN ZUERST?**
> Lassen Sie sich vom Taxi beim **Museum of Islamic Civilization** an der Corniche Road absetzen. Spazieren Sie die Corniche Road ein kleines Stück nach Westen zur Arts Area; auf der anderen Seite der Al-Boorj Avenue (hier finden Sie das Fort Al-Hisn) liegt die Heritage Area mit dem Al-Arsah-Souk und vielen historischen Gebäuden.

SHARJAH-STADT

KARTE IM HINTEREN UMSCHLAG
(130 C4) *(J3)* In den autofreien Gassen des Zentrums von Sharjah-Stadt reihen sich die weiß gekalkten Stadthäuser und -paläste aneinander, ornamentale Fenstergitter und wuchtige Holztüren dienen als einziger Schmuck, alten Petroleumlampen nachempfunde-

SHARJAH-STADT

ne Laternen spenden nach Einbruch der Dunkelheit Licht.

Sharjah-Stadt besitzt die schönste Altstadt der VAE: Dies rührt zum einen daher, dass in der Hauptstadt des Emirats elementen versehenen palastähnlichen Gebäude, die hier in den letzten Jahren entstanden sind. In Sharjah, so will es der Emir, zieren alle öffentlichen Bauwerke arabische Stilelemente.

Arabische Bauelemente zieren auch den Central Souk (Blue Souk) in der Altstadt

nach der Entdeckung des Erdöls nur wenige Häuser abgerissen wurden und viele alte Gebäude vor einigen Jahren umfangreich restauriert wurden. Zum anderen wurde dank der Initiative des Emirs, Sheikh Dr. Sultan bin Mohammed al-Quasimi, in der Altstadt ein großes Museumsviertel errichtet.

Entlang des 1 km langen *Al-Qasba-Kanals*, der die Khalid Lagoon mit der Al-Khan-Lagune verbindet, reihen sich französische Bistros und italienische Restaurants aneinander, eine Musikfontäne schießt das Wasser in den Himmel. Dass man sich dennoch in Arabien befindet, zeigen nicht nur die in ihre traditionellen Gewänder gehüllten Einheimischen, sondern auch die mit islamischen Bau-

Mit dem Taxi gelangt man zur autofreien Altstadt, einer einzigartigen Ansammlung historischer Kaufmannshäuser und -paläste. Die beiden benachbarten Stadtviertel Heritage Area und Arts Area gehören zu den interessantesten Stadtgebieten der Emirate. Zwei Dutzend Museen, die die islamische Tradition und die Geschichte der Region zum Mittelpunkt haben und das zeitgenössische Kunstgeschehen am Arabischen Golf fördern, führten 1998 und 2014 zur Ernennung von Sharjah als „Kulturhauptstadt der Arabischen Welt" durch die Unesco. Der Campus von zwei großen Universitäten (American University of Sharjah und University of Sharjah) erstreckt sich über 6 km^2. Das **INSIDER TIPP** *Sharjah Cen-*

SHARJAH

tre for Cultural Communication (Tel. 06 5 68 00 22 | www.shjculture.com) wendet sich mit kulturellen Angeboten an Touristen und Expatriates, betreibt ein Auskunftsbüro im *Souk al-Arsah (So–Do 8–14 Uhr)* und veranstaltet eine Tour (Mo 10 Uhr) durch die Al-Noor Mosque an der Khaleed Lagoon.

Auch in anderen Stadtvierteln liegen, überragt von Hochhäusern, zahlreiche niedrige Häuser, die noch aus der Vor-Erdölzeit stammen und nach und nach restauriert werden.

Sharjah verfügt – im Gegensatz z. B. zu Dubai – hauptsächlich über Mittelklassehotels, angesiedelt entlang der Khalid-Lagune und am Meer. Die etwa 800 000 Ew. von Sharjah-Stadt schätzen die billigeren Mieten und das gute Schulangebot der Stadt und nehmen die immer längeren Verkehrsstaus, besonders von und nach Dubai, hin. Hauptsächlich *expatriates* aus unteren Einkommensklassen pendeln täglich zum Arbeiten ins 10 km südlich liegende Dubai. Bis zu zwei Stunden dauert ihr Arbeitsweg.

SEHENSWERTES

Ein offener Doppeldeckerbus zeigt die Vielfalt Sharjahs in 13 Stationen, an denen es sich lohnt auszusteigen. Die reine Rundtour dauert 105 Minuten. *Central Souk | tgl. 9–19 Uhr, alle 30 Min. | Rundtour 85 Dh*

AL-HISN (SHARJAH FORT)

Das historische Fort der Emirfamilie (1820) wurde 1969 abgerissen und 1997 originalgetreu wieder aufgebaut. Es beherbergt Ausstellungen zur Geschichte des Emirats. *Sa–Do 8–20, Fr 16–20 Uhr | Eintritt 5 Dh | Al-Boorj Av. | www.sharjahmuseums.ae*

AL-NOOR MOSQUE ★

Unübersehbar an der Buhairah Corniche thront die bekannteste von Sharjahs über 600 Moscheen, ein gewaltiger Prachtbau im verspielten türkischen Stil, erbaut auf Wunsch der Gattin des Emirs. Jeden Freitagmittag herrscht hier Hochbetrieb. Nach Sonnenuntergang genießt man die

---

MARCO POLO HIGHLIGHTS

★ **Museum of Islamic Civilization**
Eine Schatzkammer islamischer Kultur in einem prächtigen Bauwerk
→ S. 65

★ **Al-Noor Mosque**
Die gewaltige Moschee an der Corniche wird abends orientalisch prächtig illuminiert → S. 63

★ **Al-Qasba**
„Der" Treffpunkt: edle Restaurants, Bistros und Cafés am Kanal
→ S. 64

★ **Sharjah Heritage Area**
Im Gassengewirr alte Stadtpaläste und offene Türen zu diversen Museen
→ S. 67

★ **Sharjah Aquarium**
Haie, Seepferdchen und Clownfische – Einblicke in die farbenfrohe Meereswelt. Neue Perspektiven eröffnet der Unterwassertunnel → S. 66

★ **Sharjah Desert Park**
Bei Gazellen und Wüstenfüchsen: Natur und Tierwelt der Arabischen Halbinsel kennenlernen → S. 71

★ **Archaeological Museum**
Beeindruckende Exponate aufwendig und perfekt präsentiert → S. 64

SHARJAH-STADT

prächtig illuminierte Fassade. Zudem locken dann die nebenan liegenden orientalischen Cafés direkt am Wasser. *Führung Mo 10 Uhr | Eintritt frei | Buhairah Corniche Street/Khalid Lagoon | Al-Majaz | www.shjculture.com*

AL-QASBA ★

Hier gibt sich Sharjah schick und kosmopolitisch: Boutiquen, Cafés im europäischen Stil und in neuen, palastähnlichen Gebäuden untergebrachte Restaurants ziehen in den späten Nachmittagsstunden die Besucher an. Von der Khalid- zur Al-Khan-Lagune wurde ein 1 km langer und 30 m breiter Kanal angelegt, der mit kleinen *abras* (Touristenbooten) befahren wird. Drei Fußgängerbrücken überqueren die Wasserstraße. Am Kanal steht auch das Riesenrad ● ☼ *Eye of the Emirates*, das aus 60 m Höhe und 42 klimatisierten Glaskabinen einen Blick auf Sharjah bis nach Dubai erlaubt. *www.alqasba.ae*

ARCHAEOLOGICAL MUSEUM ★

Eine spannende Zeitreise auch für Museumsmuffel: Faszinierende Exponate aus Ausgrabungen, Filme, interaktive Computerspiele und realistische Nachbildungen von jahrtausendealten Häusern und Gräbern lassen die uralte Geschichte lebendig werden. Museumsbesucher erfahren, wie die ersten Siedler von Sharjah ihre Häuser bauten, wie sie sich ernährten, welchen Schmuck sie herstellten – und wie sie mit dem Tod umgingen. Die ältesten Ausgrabungsfunde stammen aus der Steinzeit (5000–3000 v. Chr.); aus der Bronzezeit (bis 1300 v. Chr.) sind neben anderen Fundstücken Kämme aus Elfenbein und Ketten aus Gold und Jade zu sehen. *Sa, Mo–Do 8–20, Fr 16–20 Uhr | Cultural Square | Sheikh Rashid Bin Saqr al-Qasimi Road | Al-Abar | www.sharjahmuseums.ae*

ARTS AREA

Das Kunstviertel umfasst restaurierte Gebäude aus dem 19. Jh., die teilweise Museen beherbergen, darunter ein modernes Museum mit Arbeiten ab dem 18. Jh. *(Sharjah Museum of Contemporary Arab Art)*. Im INSIDERTIPP **Haus Obaid al-Shamsi** am Arts Square gegenüber vom *Art Museum (Sa–Do 9–13 u. 17–20 Uhr)* liegen Studios, Werkstätten und Galerien um einen Innenhof, hier können Sie Künstlern bei der Arbeit zusehen. Das *Arts Café* am Arts Square bietet kleine Gerichte, Obstsäfte und Kaffee für eine Pause beim Bummel durch das Viertel mit echtem arabischem Flair. *Zwischen Al-Boorj Av. (Ostseite) und Corniche Road | Al Shuwaiheyen | www.sharjahart.ae*

BAIT AL-NAHBOODAH

Das traditionelle Wohnhaus eines Perlenhändlers aus 1845 besitzt 16 Räume, die zweistöckig einen Innenhof umgeben. Das zerfallene Haus aus Korallenkalkstein wurde auf Anordnung des Emirs restauriert und in ein Museum umgewandelt. Zahlreiche Stuckarbeiten und Holzschnitzereien schmücken die Räume. Man sieht u. a. alte Kleidungsstücke und Schmuckarbeiten, antike Möbelstücke, viel Kunsthandwerk und Handwerkskunst. Das Haus gibt einen Eindruck vom Leben in den Emiraten vor dem Ölboom. *Wegen Renovierung derzeit geschl. | Heritage Area | Fireij Al-Souk Road | gegenüber Souk al-Arsah | www.sharjahmuseums.ae*

BUHAIRAH CORNICHE

Die an der Khalid Lagoon verlaufende Promenade wurde mit Palmen und Blumen begrünt. Al-Noor-Moschee prägt das Erscheinungsbild, ein traditionelles Kaffeehaus lädt zu einer Pause und die Al-Majaz Waterfront wurde in einen Park ausgebaut; Detail am Rande: versteckte

SHARJAH

Lautsprecher mit Vogelgezwitscher. Am Ufer warten kleine Boote auf Passagiere für eine Rundfahrt. *Buhairah Corniche*

MAHATTA MUSEUM

Der alte Flughafen lag bis 1977 innerhalb der Stadt, und die heutige King Abdul Aziz Street war die Start- und Landebahn. Neben dem alten Kontrollturm liegt ein ehemaliger Hangar, in dem vier Propellerflugzeuge ausgestellt sind – eines davon hängt an der Decke –, die hier ab 1932 landeten, darunter eine DC3. Ein Film informiert über die Fliegerei der 1930er-Jahre. *Sa–Do 8–20, Fr 16–20 Uhr | King Abdul Aziz Street/ Ecke Istiqal Street | Qasimiya | www.sharjahmuseums.ae*

MAJLIS AL-MIDFA

Das Gebäude besitzt den **INSIDER TIPP** einzigen runden Windturm der Emirate, dekoriert mit blauer Keramik. Es gehört zu den restaurierten Gebäuden der Heritage Area und ist zurzeit geschlossen. *Heritage Area | zwischen dem Souk al-Arsah und der Corniche Road | www.sharjahmuseums.ae*

MARITIME MUSEUM

Das große Hightech-Museum wurde 2009 eröffnet und zeigt u. a. Modelle

Museum of Islamic Civilization: über 5000 Ausstellungsstücke unter Kuppeln und Arkaden

und traditionelle Boote aus Sharjahs Seefahrtsgeschichte sowie Zubehör zur Perlenfischerei. *Sa–Do 8–20, Fr 16–20 Uhr | Al-Mina Road | Al-Khan | www.sharjahmuseums.ae*

MUSEUM OF ISLAMIC CIVILIZATION ★

Sharjahs schönstes Museum, zudem das einzige seiner Art auf der Arabischen Halbinsel, ist untergebracht im einstigen Souk al-Majarrah. Das im islamischen Stil 1987 gebaute Gebäude ist mit seiner braunen Farbgestaltung aus Naturstein, den auffälligen ornamental gestalteten Lampen, seinen Bogengängen

SHARJAH-STADT

und Kuppeln weithin sichtbar. Die goldene Kuppel ist innen mit Mosaiken geschmückt. Die ausgestellten 5000 Exponate sind nicht nur besonders wertvoll, sondern geben in ihrer didaktischen Aufbereitung einen hervorragenden Einblick in das komplexe Glaubenssystem des Islam. Das Erdgeschoss ist einer Darstellung der fünf Säulen des Islam gewidmet und zeigt u. a. wertvolle Koranausgaben sowie – für jeden Moslem eine besondere Kostbarkeit – ein Stück der *kiswah*, jenes goldbestickten Brokatstofftuchs, das in Mekka (Saudi-Arabien) die Kaaba, das zentrale Heiligtum des Islam, schmückt und jedes Jahr erneuert wird. Im ersten Stock nehmen vier Galerien die Besucher mit auf eine Reise von den Quellen islamischen Kunstschaffens bis in die heutige Zeit. *Sa–Do 8–20, Fr 16–20 Uhr | Majarrah Waterfront | Souk al-Majarrah | www.sharjahmuseums.ae*

SHARJAH AQUARIUM ★ ●

In schöner Lage an der Lagune: Sharjahs modernes, mit allen technischen Finessen ausgestattetes Aquarium zeigt 250 verschiedene Arten von Meeresbewohnern aus dem Arabischen Golf, vom Seepferdchen bis zum Hai. Eindrucksvoll ist ein Tunnel, durch den Besucher laufen und einen Blick aufs Geschehen unter Wasser werfen können. Sehr beliebt ist die Cafeteria mit Blick über die Lagune. *Sa, Mo–Do 8–20, Fr 14–22 Uhr | Eintritt 20 Dh | Al-Khan Road | Al-Khan Lagoon | www.sharjahmuseums.ae*

SHARJAH ART MUSEUM

Das zweigeschossige Museum mit den beiden flankierenden Windtürmen ist der Stolz von Sharjahs Art Area. Ausgestellt in 68 Räumen sind Bilder aus der Sammlung des Emirs sowie – für Besucher besonders interessant – zeitgenössische Werke von Künstlern aus der arabischen Region. Jährlich finden wechselnde Ausstellungen statt sowie alle zwei Jahre die „Sharjah International Art Biennale" – das nächste Mal 2015 –, die längst internationale Bedeutung hat. Neben Skulpturen und Installationen sorgen regelmäßig provokante Videoproduktionen für Aufsehen, etwa als über den schönen Schein von „Dubailand" polemisiert wurde. *Sa–Do 8–20, Fr 16–20 Uhr | Eintritt frei | Bait al-Serkal, Arts Area/Shuwaihyeen | www.sharjahmuseums.ae*

INSIDER TIPP ▶ SHARJAH CALLIGRAPHY MUSEUM

Obwohl Kalligrafien, kunstvolle Handschriften von Koranversen, in den Emiraten weit verbreitet sind, ist dieses Museum neben dem Tareq Rajab Museum

Calligraphy Museum: Kalligrafie ist mehr als nur Schönschrift

SHARJAH

in Kuwait das bislang einzige der arabischen Welt, das dieser Tradition gewidmet ist. Selbst ein flüchtiger Gang durch die Räume mit den bezaubernden kalligrafischen Darstellungen lohnt deshalb. Bei größerem Interesse können Sie den Erklärungen des Personals lauschen und sich die Bedeutung einzelner Kalligrafien erklären lassen. *Sa–Do 8–20, Fr 16–20 Uhr | Heritage Area | zwischen Al-Boorj Av. (Westseite) und Corniche Road | www.sharjahmuseums.ae*

SHARJAH CLASSIC CARS MUSEUM
Rund 100 Oldtimer, darunter ein Dodge von 1917 mit Holzrädern, ein Geschenk des saudischen Königs. Zu den Ausstellungsstücken – allesamt Eigentum des Scheichs – gehören auch ein 1973er Rolls Royce, original und makellos, ein Buick Saloon von 1959 und ein Mercedes Benz 600. *Sa–Do 8–20, Fr 16–20 Uhr | Eintritt 5 Dh | Al-Dhaid Road | E 88, Interchange 5 | www.sharjahmuseums.ae*

SHARJAH HERITAGE AREA ★
Ein authentischer alter Souk, sensibel restaurierte, großartige Museen zur islamischen Kultur in prächtigen, jahrhundertealten Kaufmannshäusern, die Palästen gleichen, machen dieses Viertel unverwechselbar. Da hier keine Autos fahren dürfen, genießen Sie zudem Ruhe. Und mit dem Sharjah Heritage Hostel gibt es auch eine günstige, stilvolle Übernachtungsadresse. *Zwischen Al-Boorj Av. (Westseite) und Corniche Road*

ESSEN & TRINKEN

INSIDER TIPP AL-ARSAH PUBLIC COFFEE SHOP
So stellt man sich ein arabisches Kaffeehaus vor: verzierte Holzbänke, orientalische Kuchen und Süßigkeiten, arabischer Mokka und Pfefferminztee. Wasserpfeifen sind in diversen Geschmacksrichtungen zu haben. *Tgl. | Souk al-Arsah, Heritage Area | €*

GERARD
Der Duft frisch gebackener Croissants treibt die Gäste herein: Café im französischen Bistro-Stil mit einer Auswahl an europäischen Patisserien, Baguettes und Walnussbrot, auch zum Mitnehmen, sowie Kaffeespezialitäten. *Tgl. | Al-Qasba, Block A | Tel. 06 5 56 04 28 | €€*

SARAVANA BHAVAN
Südindische, ausschließlich vegetarische Küche; hier ist man umringt von indischen Gastarbeitern. *Tgl. | Abdul Aziz Building | King Faisal Road | Tel. 06 5 53 40 31 | www.saravanabhavan.com | €*

SHABABEEK
Libanesische Küche mit europäischen Elementen in bester Lage am Al-Qasba-Kanal; die Wahl des Sitzplatzes kann schwerfallen: im Freien am Wasser oder inmitten des dramatisch gestalteten, opulenten arabischen Interieurs. Köstli-

LOW BUDGET

Sharjah besitzt über 20 Museen, eines schöner als das andere. Ein Besuch kostet meist 5 Dh, der Besuch aller Häuser innerhalb eines Monats nur 15 Dh.

The Book Mall (So–Mi 16–23, Do–Sa 16–24 Uhr | Al-Qasba, Block C | Tel. 06 5 56 21 11 | www.alqasba.ae) ist nicht nur der beste Buchladen von Sharjah, sondern bietet auch ein preiswertes Café für einen Imbiss und ein Internetcafé.

SHARJAH-STADT

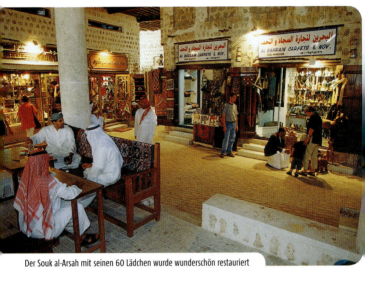

Der Souk al-Arsah mit seinen 60 Lädchen wurde wunderschön restauriert

che Limonaden und Mocktails, alkoholfreie Cocktails. *Tgl. | Al-Qasba | Block B | Tel. 06 5 54 04 44 | www.shababeek.ae | €€€*

SHARJAH DHOW RESTAURANT
Al-Boom, ein traditionelles arabisches Handelsschiff, wurde in ein Restaurant umgebaut. Neben den üblichen arabischen Spezialitäten werden chinesische sowie Fisch- und Grillgerichte serviert. *Tgl. | Khalid Lagoon | Buhairah Corniche | neben dem Holiday International | Tel. 06 5 73 02 22 | €€*

EINKAUFEN

CENTRAL SOUK (BLUE SOUK, SOUK AL-MARKAZI)
Der wegen seiner Gestaltung im postmodernen Stil gern mit einem Belle-Époque-Bahnhof verglichene Souk besitzt über 600 Geschäfte. Im Untergeschoss finden Sie hauptsächlich auf arabische Bedürfnisse zugeschnittene Bekleidungs-, Schmuck- und Parfümerieläden, während der erste Stock INSIDERTIPP einem großen Antikmarkt gleicht. Nicht nur Inneneinrichter schätzen die ungezählten Shops als Fundgrube für Möbel, Antiquitäten und Dekorationen im orientalischen und asiatischen Stil. Die Preise sind moderat und darüber hinaus noch verhandelbar. *Tgl. 10–13.30 u. 16–22 Uhr | Buhairah Corniche Road | Khalid Lagoon | Al-Majaz*

INSIDERTIPP SOUK AL-ARSAH
Dieser alte Souk wurde generalüberholt und behielt dabei sein besonderes Flair: 60 kleine Läden wurden mit antiken Baumaterialien wie alten Holzbalken und Türen renoviert. Sie schlendern durch enge Gassen und entdecken Antiquitäten aus Oman und Jemen, traditionelle Beduinenbekleidung oder bestickte Paschminaschals. Ein traditionelles Kaffeehaus lädt nach dem ausgiebigen Stöbern zur Pause ein. *Sa–Do 9–13 u. 16–21, Fr ab 16 Uhr | Heritage Area | zwischen Al-*

SHARJAH

Boorj Av. (Westseite), Al-Ayubi Road und Corniche Road

Road | Intersection 5 (3 km nach der Airport Bridge)

STRÄNDE

Unterschätzen Sie nicht das Meer vor dem Strand von Al-Khan und entlang der Al-Mina Street vor den dortigen Strandhotels. Gelegentliche Strömungen ziehen Schwimmer hinaus ins Meer. Sicherer ist der (meist überfüllte) Strand vor der Sharjah Corniche Road.

FREIZEIT & SPORT

AL-MONTAZAH PARK

Von der von Sharjah nach Dubai führenden Straße gelangt man über einen Abzweig auf die in der Khalid Lagoon liegende Insel mit einem großen Vergnügungs-, Wasser- und Freizeitpark, dazu Jahrmarkt, Pools und Miniatureisenbahn. *So–Mi 15–23, Do/Fr 15–24, Sa 10–23 Uhr | Eintritt 10 Dh, Wasserpark 120 Dh | Flag Island | www.almontazah.ae*

SHARJAH LADIES CLUB

Eine große Eisbahn steht Frauen und Kindern (Jungen bis 10 Jahre) zur Verfügung; hier trifft man Einheimische. *Sa–Do 9–18 Uhr | 35 Dh pro Stunde inkl. Schlittschuhe | Al-Corniche Road | Al-Seef (Straße nach Ajman, Nähe Al-Muntazah Square) | Tel. 06 5 06 77 77 | www.slc.ae*

SHARJAH NATIONAL PARK

Der mit mehr als 60 ha größte von Sharjahs insgesamt 35 Parks bietet eine „Sharjah Miniature City" mit Modellen der Shoppingmalls und Sehenswürdigkeiten, eine vierspurige Riesenrutsche, einen traditionellen Coffeeshop, einen kleinen Zoo und vor allem eine Fahrradvermietung. Achtung: Man darf mit den Rädern nur im Park fahren. *So–Do 16–22, Fr/Sa 10–22 Uhr | Eintritt frei | Al-Dhaid*

AM ABEND

Seitdem Sharjah alkoholfrei ist, hat sich das Nachtleben ins benachbarte Dubai verlagert. Als Alternative versucht man, das kulturelle Leben zu fördern. Das ganze Jahr über finden Dichterlesungen, Ausstellungen und Musikabende statt. *Infos bei der Sharjah Tourism Authority.*

In den Hotels werden wöchentlich kulinarische Themenabende veranstaltet, wie „Italian Night" und „Arabian Night" mit gelegentlichen musikalischen Darbietungen. Ansonsten sind in Sharjah nach 23 Uhr nur die nachtaktiven Tiere des Sharjah Desert Park unterwegs.

ÜBERNACHTEN

AL-BUSTAN HOTEL

Das günstige, ältere Hotel verfügt über einige Zimmer mit Meerblick, auch Suiten und Familienzimmer. Darüber hinaus: beliebtes Fischrestaurant, Pool auf dem Dach, Internetcafé, Fitnesshalle; Shuttle nach Dubai und Sharjah, kostenloser Flughafentransfer; jedoch ohne Gästeparkplätze. *110 Zi. | Al-Khan Road | Al Khan | Tel. 06 5 28 54 44 | www.albustangroup.com | €€*

AL-SHARQ

Mittelklassehaus mit kleinen, aber komfortablen Zimmern; Health Club und Al-Basha-Restaurant mit Blick auf den Rolla-Park, Shuttle zum Strand und zum Shopping. *63 Zi. | Al-Arooba Street/Rolla Square Garden | Zentrum | Tel. 06 5 62 00 00 | www.sharqhotel.com | €*

BEACH HOTEL

Älteres Strandhotel mit Balkonzimmern mit Meerblick, jedoch etwas antiquier-

SHARJAH-STADT

ter Ausstattung; breiter Strandabschnitt, größter Pool der Stadt, kostenloser Shuttle nach Sharjah-Zentrum und Dubai. Zum Hotel gehören mehrere, eher einfache Restaurants und Cafés. *131 Zi. | Al-Mina Road | Al Khan | Tel. 06 5 28 13 11 | www.mhgroupsharjah.com | €€*

CORAL BEACH RESORT
An der (nördlichen) Grenze zu Ajman gelegenes Strandhotel, luxuriöse, gepflegte Ausstattung, umgeben von Palmen und tropischen Pflanzen, romantische Poolanlage, mehrere anspruchsvoll gestaltete Restaurants und Cafés. Mit Tenniscourts, Fitnesscenter und Kids Club in den Wintermonaten. *156 Zi. | Al-Montazah Road | Tel. 06 5 22 99 99 | www.hmhotelgroup.com | €€*

HERITAGE YOUTH HOSTEL
Viel Atmosphäre: Hostel in einem restaurierten Altstadthaus im historischen Viertel hinter der Al-Zahra-Moschee. *10 Zi. | Heritage Area | Tel. 06 5 69 77 07 | www.uaeyha.com | €*

HOLIDAY INTERNATIONAL
An der Khalid-Lagune gelegenes Hochhaus-Hotel, ruhige und schöne Lage, Shuttle nach Dubai, zwei Pools, Tennis, Fitness sowie mehrere Restaurants und Cafés, darunter das vorzügliche Fischrestaurant „Fishermen's Wharf" mit Blick auf Pool und die Lagune. *253 Zi. | Buhairah Corniche | Tel. 06 5 73 66 66 | www.holidayinternational.com | €€*

MARBELLA RESORT
Das 4-Sterne-Hotel richtet sich an Familien und bietet seinen Gästen Villen und Suiten. Die Häuser im arabisch-andalusischen Stil sind umgeben von üppiger Vegetation, die Ausstattung der Zimmer ist etwas älter, doch die Freizeitmöglichkeiten (Tennis, zwei Pools, Squash, Fitness) sind hervorragend, und die Restaurants gehören zu den beliebtesten der Stadt. Außerdem gibt es eine aufwendig gestaltete Marina und einen Shuttleservice nach Dubai. *100 Suiten und Villen | Khalid Lagoon | Tel. 06 5 74 11 11 | www.marbellaresort.com | €€€*

72-BY-HUES
Sharjahs bislang einziges Designhotel bietet auch Apartments mit Küchenzeile. Buchen Sie aber besser eine ✸ Suite mit bodentiefer Fensterfront zur Lagune. Einziges Manko: der zu kleine

MANGROVENWALD

Zu Sharjah gehört auch das ✿ Naturschutzgebiet *Khor Kalba*, eine Exklave des Emirats an der Ostküste südlich von Fujairah-Stadt an der Grenze zu Oman: Einer der wenigen noch in Arabien existierenden Mangrovenwälder besteht aus niedrig wachsenden, salzresistenten Bäumen und Sträuchern, die im Meerwasser gedeihen können und so ein einzigartiges Ökosystem bilden. Das Reservat ist Heimat seltener (Wasser-)Vogelarten, Lebensraum für Fische und unterschiedlichste Mikroorganismen. Mangrovenwälder mit ihren typischen dichten Stelzwurzeln gehen weltweit zurück und sind durch (Öl-)Verschmutzung und kommerzielle Fischzucht gefährdet. Ins Nature Reserve Khor Kalba gelangen Sie mit dem Mietwagen, über eine Brücke südlich von Kalba.

SHARJAH

Tradition und Moderne: Moscheen zwischen Hochhäusern gehören in Sharjah zum Stadtbild

Indoorpool im Untergeschoss. *72 Zi. | Corniche 110th Street | Tel. 06 5 07 97 97 | www.72byhues.com | €€€*

AUSKUNFT

SHARJAH COMMERCE & TOURISM DEVELOPMENT AUTHORITY
Buhairah Corniche | Crescent Tower | 9th Floor | Al-Majaz (nahe dem Al-Qasba-Kanal) | Tel. 06 5 56 67 77 | www.sharjahtourism.ae

ZIEL IN DER UMGEBUNG

SHARJAH DESERT PARK ★
(131 D4) (*K4*)

Der 2 km² große Desert Park mit einem hervorragenden *Naturkundemuseum (Natural History Museum)* besitzt einen der schönsten Tiergärten der Emirate. Er ging hervor aus einer Initiative des Herrschers zum Schutz der vom Aussterben bedrohten Oryx-Antilope. Fotos und Dokumentationen machen mit der Fauna und Flora der Arabischen Halbinsel bekannt. Ausgestellt sind auch Muschelsammlungen, Fossilien und große, in der Wüste gefundene Kristalle. Ein Bereich ist den in der Wüste vorkommenden Pflanzen gewidmet *(Botanical Museum)*, während im *Arabia's Wildlife Centre* ca. 100 Tierarten beheimatet sind, darunter auch nachtaktive Wüstenbewohner.

Neben dem *Aquarium* gibt es einen *Streichelzoo (Children's Farm)*, in dem die halbzahmen Säugetiere im Außengelände von Kindern auch gefüttert werden dürfen. Vom Café aus können Sie durch große Glasscheiben Antilopen, Strauße und Giraffen in einer Savannenlandschaft beobachten. Außerdem gibt es ein fürs Publikum nicht zugängliches Aufzuchtzentrum *(Breeding Centre)*. *Mi–Mo 9–18, Fr 14–18 Uhr | Eintritt 15 Dh | Al-Dhaid Road | Intersection 9 | www.breedingcentresharjah.com | 25 km östlich von Sharjah-Stadt*

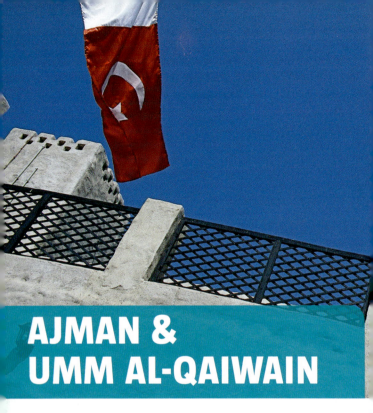

AJMAN & UMM AL-QAIWAIN

Ajman und Umm al-Qaiwain, die beiden nördlich von Sharjah-Stadt und Dubai gelegenen Emirate, besitzen kein Erdöl und werden von der Föderation finanziell unterstützt. Hier begegnen Sie Einheimischen, die als Fischer und Landwirte leben, und erhalten einen Eindruck vom ursprünglichen Leben am Golf.

Das winzige *Ajman* (290 000 Ew.), nur 260 km² groß und von Sharjah eingerahmt, verfügt über einen 16 km langen Küstenstreifen, an dessen nördlichem Ende die gleichnamige Hauptstadt liegt. Touristisches Kapital ist der schöne Sandstrand, an dem in den letzten Jahren mehrere 5-Sterne-Hotels entstanden. Wenn Sie einen ruhigen Badeurlaub – zudem deutlich günstiger als in Dubai und Abu Dhabi – verbringen wollen, ist Ajman die richtige Wahl. Zu Ajman gehören die beiden Exklaven *Masfout,* 110 km südöstlich, mit einer Mineralwasserquelle, und *Manama,* 60 km östlich bei Al-Dhaid, landwirtschaftliche Siedlungen, die alle Emirate versorgen.

Eine große Bucht, die vom offenen Meer durch zahlreiche Inseln geschützt ist, ist das natürliche Kennzeichen von *Umm al-Qaiwain*. Das nördlich an Sharjah grenzende Emirat besitzt 777 km² Fläche und etwa 100 000 Ew., die von Landwirtschaft, Fischfang und vom Handel leben. Zehn in der Bucht liegende Inseln, zum Teil mit Mangroven bewachsen, sind Heimat für seltene Vögel, im Meer tummeln sich Riesenschildkröten und Seekühe. Unberührt ist nach wie vor auch die 40 km lange Küste, an der erst we-

**Zwei kleine Emirate –
Hier gehen die Uhren noch langsamer
als bei den größeren Nachbarn**

nige Strandhotels liegen. Außerordentlich fruchtbar ist die Oase *Falaj al-Mualla* (50 km südöstlich der Hauptstadt), in der dank reicher Grundwasservorräte intensiv Landwirtschaft betrieben wird.

AJMAN

(130 C3) *(J3)* **Lebhaft, zunehmend indisch und Anziehungspunkt für russische Touristen: Die Stadt Ajman (270 000 Ew.) umfasst nahezu das Emirat und präsentiert sich bislang mit älteren, niedrigen Betonhäusern und einer Mischung aus arabischem und indischem Ambiente.**

In schlichten Teeshops sitzen die Männer bei einem Glas Tee oder einem Mangosaft zusammen, verschleierte Frauen, die Hände mit auffälligen Henna-Tattoos verziert, begutachten das Angebot in den Läden: landestypische Trachten, Duftöle und Elektronika aus Fernost. Da Ajman vielen *expatriates* hauptsächlich Indern, denen Dubai und Sharjah zu teu-

AJMAN

Wie einst Süßigkeiten hergestellt wurden – auch das kann man im Ajman Museum erfahren

er sind, als Wohnort dient, gibt es auch eine Anzahl von vorzüglichen indischen Restaurants. Ajmans langer, goldfarbener Strand ist wegen starker Strömungen für Schwimmer nicht ungefährlich.

Im Fort untergebracht sind Exponate zur islamischen Tradition, Kunsthandwerk und Exponate zur Heilkunde der Beduinen. *Sa–Do 8–20 Uhr | Eintritt 5 Dh | Aziz Street | beim Al-Hosn R/A*

SEHENSWERTES

AJMAN ABAYA SOUQ
Abayas, Schals, Tücher und alles, was frau in den VAE so trägt: In den sehenswerten Schneiderwerkstätten entstehen auch üppig bestickte romantische Kreationen, für Europäerinnen sehr exotisch und außergewöhnlich. *Sa–Do 9–22, Fr 14–22 Uhr | Sheikh Hamad Building, 4th floor, Bereich A-F | Sheikh Humaid Bin Rashid Al Nuaimi Street | Al-Rumaylah*

AJMAN MUSEUM
Für annähernd 200 Jahre beherbergte das fortähnliche Bauwerk die Herrscherfamilien. Zwei Wachtürme flankieren das Eingangstor, im Freien befindet sich eine nachgebaute Soukgasse, die das Alltagsleben vor dem Ölboom zeigt.

ESSEN & TRINKEN

BUKHARA
Die gewürzreiche nordindische Küche wird hier in einer leichteren, auf den europäischen Geschmack zugeschnittenen Version zubereitet. *Tgl. | Kempinski Hotel | Sheikh Humaid Bin Rashid Al Nuaimi Street | Ajman Corniche | Tel. 06 7145555 | €€€*

PAPPA ROTI
Die in Malaysia gegründete Cafékette ist in den VAE ein Renner. Auf der Speisekarte gibt es zahlreiche sog. „Pappa Combos", bei denen zu Kaffee- oder Teespezialitäten ein süßes Brötchen serviert wird. Freies WLAN. *Tgl. | Corniche Av., ground floor | Ajman Corniche | www.papparoti.ae/ajman-corniche | €*

AJMAN & UMM AL-QAIWAIN

ÜBERNACHTEN

AJMAN BEACH HOTEL

Das Hotel, schön gelegen zwischen Palmen am Meer, bietet Zimmer mit Meer- oder Creekblick. Wassersport, Beachvolleyball, Bars, Nachtclubs, Restaurant (arabische Küche), kostenloser Shuttle nach Dubai. *68 Zi. | Ajman Corniche | Tel. 06 7423 33 33 | www.ajmanbeachhotel.com | €–€€*

AJMAN KEMPINSKI

Die Luxusherberge im opulenten arabischen Stil liegt, umgeben von Palmen, direkt am hellen Sandstrand und hat edel gestaltete Zimmer mit phantastischem Meerblick und Balkon, dazu Fitness und Health Club, Wassersport, großer Pool, Tauchschule, ein Spa mit **INSIDER TIPP** hervorragenden Ayurveda-Anwendungen. *182 Zi. | Sheikh Humaid Bin Rashid Al Nuaimi Street | Ajman Corniche | Tel. 06 714 55 55 | www.kempinski-ajman.com | €€€*

AUSKUNFT

Auskünfte erhalten Sie im *Ajman Museum (Aziz Street)*.

UMM AL-QAIWAIN

(131 D3) (J3) **Die Hauptstadt des Emirats (55 000 Ew.) liegt am nördlichen Ende einer lang gestreckten Halbinsel. Die Altstadt erstreckt sich um eine kleine Bucht des östlich gelegenen Creeks, in dem Dhaus und Fischerboote vor Anker liegen.**

Die Stadt ist von der Bau- und Restaurierungswelle der anderen Emirate noch nicht erreicht. Zu den Vergnügungen der

> **CITY WOHIN ZUERST?**
> Fahren Sie mit dem Auto an der Ostseite der Halbinsel, auf der Sheikh Ahmed Bin Rashid al-Moalla Road, nach Norden, vorbei am Markt und dem Palma Beach Hotel, dann weiter bis zum **Hafenbecken**. Dort parken Sie und gehen um den Hafen herum zum Fort-Museum. Von dort bietet sich eine Wanderung durch die Altstadt an die Westseite zum Park Corniche Garden an.

Männer, die die traditionellen weißen *dishdashas* tragen, gehören nicht teure Autos und Immobilien wie in Dubai, sondern ein Plausch mit Freunden, das Zusammensitzen bei Brettspielen oder der Wasserpfeife. Umm al-Qaiwain liegt 25 km nördlich von Sharjah und ist von dort mit dem Auto oder Taxi in einer halben Stunde erreicht.

SEHENSWERTES

INSIDER TIPP OLD TOWN

Zwischen neueren Bauwerken, in denen kleine Läden untergebracht sind, entdecken Sie auch immer wieder ältere, aus Korallenkalkstein erbaute Häuser im arabischen Stil, leider stark vom Verfall be-

---

MARCO POLO HIGHLIGHTS

★ **Ajman Museum**
Das antike Fort der Herrscherfamilie ist jetzt ein Museum → S. 74

★ **Umm al-Qaiwain Museum**
Die historischen Schätze des Emirats werden im alten Fort gezeigt → S. 76

UMM AL-QAIWAIN

droht. Größter Schatz sind die westlich der Altstadt entlang der Al-Soor Street liegenden drei Wachtürme, die einst Teil der alten Stadtmauer *(soor)* waren und heute restauriert werden. *Zwischen Al-Soor Street und Mualla Road*

UMM AL-QAIWAIN MUSEUM ⭐

Von hohen Lehmmauern umgeben, von Rundtürmen überragt und „bewacht"

Vorratsgefäße aus dem 1.–2. Jh. im Umm al-Qaiwain Museum

von zwei alten Kanonen, ist das ehemalige Fort der Herrscher (1770) heute restauriert und ganz der Vergangenheit gewidmet. In den einzelnen Abteilungen sehen Sie beispielsweise den *majlis* (den traditionellen Versammlungsraum der einheimischen Männer), eine archäologische Sammlung von Ausgrabungsstücken der Region sowie eine altertümliche Küche. *So–Do 8–13 u. 17–20, Fr 17–20 Uhr | Eintritt 5 Dh | Al-Lubna Road | Altstadt*

VEGETABLE AND FISH MARKET

Jeden Morgen wird auf dem kleinen Markt für Gemüse, Obst und Fisch rege gehandelt. Kommen Sie am besten vormittags, wenn die Fischer ihre nächtlichen Fänge abliefern. *Sa–Do 7–13 u. 16–20 Uhr | Sheikh Ahmed Bin Rashid al-Mualla Road | Ostseite der Stadt, nördlich des Pearl Hotels*

ESSEN & TRINKEN

AQUARIUS

Einfach, gut und günstig: Restaurant am Strand mit überwiegend asiatischer Küche. Spezialität sind Fischgerichte. *Tgl. | Barracuda Beach Hotel, vor dem Dreamland Aquapark | Sharjah-RAK Road | Tel. 06 7 68 15 55 | www.barracuda.ae | €*

LIBANESE RESTAURANT

Bekannt für erstklassiges libanesisches Essen und köstliche Säfte; Klassiker sind der Tabouleh-Salat (mit Hirse) und das Falafel-Sandwich. *Tgl. | UAQ Beach Hotel | Sheikh Saud Bin Rashid Al Moalla Street | Tel. 06 7 66 67 78 | www.uaqbeachotel.com | €€*

PALMA

Arabisches Restaurant im gleichnamigen Hotel am UAQ Creek, freitags großes Brunchbuffet. Am späten Vormittag treffen sich europäische *expatriates* auf Wochenendurlaub und einheimische Familien, um in aller Ruhe arabische Vorspeisen, Käse oder japanisches Sushi, warme und kalte Hauptgerichte sowie die orientalischen Desserts zu probieren. *Tgl. | Palma Beach Resort | Sheikh Ahmed Bin Rashid al-Mualla Road | Al Khor Area | Tel. 06 7 66 70 90 | www.palmaresortuae.com | €€–€€€*

AJMAN & UMM AL-QAIWAIN

FREIZEIT & SPORT

UAQ MARINE CLUB
Der Club bietet für Besucher Wasserski *(30 Min. 70 Dh)*, Windsurfing *(1 Std. 50 Dh)* und Kajaks für Touren in der Lagune. *Tgl. 8–19 Uhr | Sheikh Ahmed Bin Rashid al-Mualla Road | neben Pearl Hotel | Tel. 06 7 66 66 44 | www.uaqmarineclub.com*

ÜBERNACHTEN

FLAMINGO BEACH RESORT
Strandhotel an der Spitze der Halbinsel am Creek mit Bars und Restaurants, Pool, Wassersport. Vermietung von Booten für Ausflüge über den Creek und zur Insel *Al-Sinniyah* (Vogelbeobachtung). *52 Zi. | UAQ Tourist Centre | Creek Corniche Road/King Faisal Road | Tel. 06 7 65 11 85 | www.flamingoresort.ae | €€*

PALMA BEACH RESORT
Eine Pyramide, Säulen mit altägyptischen Schriftzeichen, Pharaonenporträts sind ungewöhnliche Designelemente dieses Strandhotels an der Ostküste der Stadt; drei Pools, Internetcafé sowie ein großes Freizeitprogramm (u. a. Bowling, Billard, Segelausflüge). Gutes Preis-Leistungs-Verhältnis, das auch die teilweise etwas antiquiert wirkende, sich an arabischem Geschmack richtende Ausstattung mehr als wettmacht. Auch angesichts der direkten Strandlage und der diversen Angebote empfehlenswert. *63 Zi. | Sheikh Ahmed Bin Rashid Al Moalla Road | Al Khor Area | Tel. 06 7 66 70 90 | www.palmaresortuae.com | €€*

UAQ BEACH HOTEL
Ruhiges Strand- und Familienhotel. Großer Pool, Wassersport, dreimal pro Woche Shuttle nach Dubai. *32 Suiten | UAQ Corniche | Tel. 06 7 66 66 47 | www.uaqbeachhotel.com | €–€€*

AUSKUNFT

Das *Flamingo Beach Resort (Creek Corniche Road/King Faisal Road | Tel. 06 7 65 11 85)* fungiert auch als UAQ Tourist Centre.

ZIEL IN DER UMGEBUNG

INSIDER TIPP ▶ AL-LABSA CAMEL RACE TRACK (131 D–E3) (*K3*)
An der Straße von Umm al-Qaiwain nach und kurz vor Falaj al-Mualla (45 km) liegt nördlich der Straße im Windschatten hoher Sanddünen eine Kamelrennbahn. Während der Wintermonate werden die Tiere jeden Vormittag trainiert. Die Kamelrennen sind ein lautes Ereignis, an dem hauptsächlich einheimische Männer und Gastarbeiter teilnehmen. Touristen werden interessiert beäugt und willkommen geheißen. *Kamelrennen Okt.–März Do u. Fr ab 7 Uhr morgens | Eintritt frei | E55 Al-Labsa*

LOW BUDG€T

In Ajman werden in einem großen *Dhow Yard (Boat Building Yard)* Dhaus in traditioneller Weise gefertigt. An rund 20 Booten wird gearbeitet, und Besucher sind eingeladen, bei der Arbeit zuzusehen. *Ajman Creek (Khor Ajman), nördliches Ende*

Besonders preiswert gibt es authentische südindische Küche im *India House (tgl. 8–24 Uhr | Choitram Supermarket Building | Sheikh Rashed Bin Humaid Al Nuaimi Street | Al Karama | Ajman | Tel. 06 7 44 24 97 | www.indiahouseajman.com)*, z. B. die Thali: zehn verschiedene Currys und Reis.

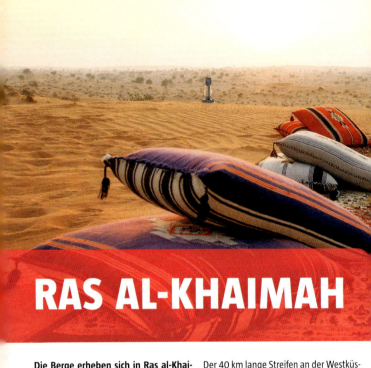

RAS AL-KHAIMAH

Die Berge erheben sich in Ras al-Khaimah bis auf 1800 m, und als landschaftlich schönstes der Emirate besitzt es zudem Wüste und hoch aufragende Sanddünen, weitläufige Strände und grüne Oasendörfer.

Das am weitesten nördlich gelegene Emirat mit einer Größe von 1700 km^2 und 250 000 Ew. grenzt mit der gebirgigen Musandam-Halbinsel an Oman und die Straße von Hormuz. Ras al-Khaimah verfügt über nur wenig Erdöl, zahlreiche Gebirgsquellen ermöglichen jedoch eine blühende Landwirtschaft. Als „Kornkammer der VAE" versorgt es die übrigen Emirate mit Gemüse, Obst, Milch und Milchprodukten, besonders aus der Ebene südlich der Hauptstadt mit der 18 km entfernten Oase Digdagga.

Der 40 km lange Streifen an der Westküste von Ras al-Khaimah war vom 17. bis zum 19. Jh. ein wichtiger Piratenstützpunkt. Noch heute werden die Bewohner des Emirats von den anderen Emiraten scherzhaft als „Piraten" tituliert. Der Anteil der einheimischen Bevölkerung ist in Ras al-Khaimah (wie auch in Umm al-Qaiwain) mit rund der Hälfte am höchsten.

Gleich mehrere ehrgeizige Projekte sollen den Tourismus weiter fördern: *Al-Marjan Island* heißt die Entwicklung von fünf miteinander verbundenen Inseln, die sich 25 km südwestlich von Ras-al-Khaimah-Stadt (in der Nähe des Al-Hamra-Hotels) 4 km ins Meer erstrecken. Drei Luxushotels empfangen bereits ihre Gäste, und die ersten Apartments der pyra-

Natürliche Ressourcen und ehrgeizige Tourismusprojekte – ein Emirat, das sich zusehends entwickelt

midenförmigen Wohnanlage *Bab al-Bahr* sind schon verkauft. Ein Golfplatz und ein Hafen für Sportboote sind im Bau. Der *Mina al-Arab* („arabischer Hafen") entsteht 3 km lang an der Küste südlich der Stadt aus zum Teil aufgeschüttetem Land mit Hotels, Lagunen, Yachthafen und Parks *(www.minaalarab.net)*.

Auf den östlich im Hajar-Gebirge liegenden 1900 m hohen *Jebel Jais* führt eine neue Straße, die sich 20 km vom Fuß des Bergs hinaufwindet. Tipp: Zum Sonnenuntergang auf den Gipfel muss man spätestens gegen 16 Uhr aufbrechen! Unterwegs gibt es diverse Aussichtspunkte und liegen alte, teilweise verlassene Steinhäuser.

RAS-AL-KHAI-MAH-STADT

(131 E2) (*K2*) **Lebhaft und chaotisch ist die Neustadt, ruhiger und überschaubarer die Altstadt von Ras-Al-Khaimah.**

RAS-AL-KHAIMAH-STADT

Die 160 000 Ew. zählende Stadt 100 km nördlich von Dubai wird durch die Lagune Al-Khor in die westliche Altstadt und die östliche Neustadt Al-Nakheel mit der Oman Road geteilt. Das Fort in der Altstadt beschützte mit Stadtmauer und Kanonen einst die Stadt und dient heute als Nationalmuseum. Viel Betrieb herrscht täglich in der Fischmarkthalle, in der Männer für die Familie einkaufen. Insgesamt besticht die Stadt durch ein vitales Nebeneinander aus modernen Shoppingmalls, Bürogebäuden, neuen Bauprojekten und einem eher einfachen, unverfälscht orientalischen Lebensstil. Niedrige ältere Gebäude, dazwischen viel Grün, dominieren das Stadtgebiet. Gleich außerhalb des Stadtzentrums liegen breite Strände, weiß und feinsandig. Die Ausläufer des Hajar-Gebirges reichen bis zu 10 km an die Stadt heran und sorgen für ein phantastisches Panorama. Mehrere zum Teil bereits fertiggestellte Luxus-Immobilienprojekte und 5-Sterne-Hotels ziehen europäische Investoren und Besucher an. Insgesamt herrscht eine gewisse Aufbruchstimmung und man begegnet zunehmend Westlern.

SEHENSWERTES

DHOW BUILDING YARD
Am Strand von Maarid können Sie einige hölzerne Dhaus entdecken, die noch heute nach traditioneller Art von indischen und pakistanischen Zimmerleuten von

Das National Museum ist in einem alten Fort untergebracht – rechts ein Windturm

Hand gefertigt werden. Besucher sind willkommen. *Mariid Beach | nördlicher Stadtrand*

INSIDER TIPP FISHMARKET
Diverse Fischarten sind (meist auf Eis) an den Ständen ausgelegt, Einheimische und Expatriates aus Asien und Arabien begutachten die Ware, verhandeln und kaufen. Es ist laut, riecht intensiv, und die Atmosphäre ist freundlich. Im Eingangsbereich gibt es lokale landwirtschaftliche

RAS AL-KHAIMAH

> **CITY — WOHIN ZUERST?**
> Mit dem Auto suchen Sie zunächst das City Centre oder das RAK Museum und parken vor dem **National Museum**. Dann spazieren Sie zur Corniche am Arabischen Golf oder entgegengesetzt zur Corniche an der Lagune. Oder Sie nehmen die Fähre über den Kanal der Lagune und besuchen das Ahmed Bin Majid-Seefahrermuseum.

Produkte wie Honig, Gewürze und Milch. Gegenüber am Meer wird der Fisch direkt aus den Booten auf eine Auktionsfläche gekippt und versteigert. *Tgl. | Sheikh Mohammed Bin Salem Road | Mariid*

INSIDER TIPP ▶ MUSEUM & CENTRE OF THE NAVIGATOR AHMED BIN MAJID

Versteckt in der Neustadt und weitgehend unbekannt: Das Museum ist dem berühmten Seefahrer und Kartografen aus dem 15. Jh. gewidmet. Ausgestellt sind Boote, Seekarten und Navigationsgeräte. *Sa–Do 8–13 u. 16–18, Fr 15–18 Uhr | Eintritt frei | Ahmed Majid Street*

NATIONAL MUSEUM ★ ●

Zinnen, Wachtürme und ein kleiner tropischer Garten: Das bedeutendste Museum des Emirats ist untergebracht im eindrucksvollen Old Fort. 1736–49 von den Persern errichtet, 1819 von den Briten zerstört, wurde das alte Fort wieder aufgebaut und erweitert. Bis 1960 lebte hier der herrschende Emir Al-Qasimi mit seiner weit verzweigten Familie. Auch die Wachtürme und Windtürme sind zu besichtigen. Ausgestellt ist u. a. eine Sammlung von Silbermünzen aus dem 10. und 11. Jh. Die naturgeschichtliche Abteilung zeigt eine umfangreiche Muschel- und Fossilienkollektion sowie Werkzeuge aus dem 1. Jh. v. Chr. Tonwaren aus Al-Ubaid, Mesopotamien (heute Irak), die vor 5000 Jahren gehandelt wurden, sowie Exponate aus den bronzezeitlichen Gräbern von Shimal gehören zu den größten Schätzen des Museums. Aus *Julfar*, 3 km nördlich von Ras al-Khaimah, vom 14. bis 17. Jh. der bedeutendste Hafen der Emirate, stammen weitere Ausgrabungsfunde, hauptsächlich aus China und dem Iran stammendes Porzellan (die abgesperrte Grabungsstätte liegt im Industriegebiet und ist nicht zu besichtigen). *Tgl. 9–20 Uhr | Eintritt 5 Dh | Old Fort | Al-Hosn Road*

SHIMAL (SHAMAL)

Sehenswert ist die archäologische Stätte Shimal wegen eines gewaltigen Bergrückens, der das Dorf überragt. Gekrönt wird dieser von den Ruinen einer ehemals befestigten Siedlung, „Sheba's Palace", also „Palast der Königin von Saba", wie die Einheimischen die Stätte nennen. Die archäologischen Funde (Töpferwaren, heute im Museum von Ras al-Khaimah) sprechen jedoch für ein Alter von nur etwa 500 Jahren. Sichtbar sind die Reste eines Brunnens und einer Zisterne. ✶ Vom Berg genießt man einen phantastischen Ausblick bis zur Stadt Ras al-Khaimah. Aufsehen erregten Archäo-

> **MARCO POLO HIGHLIGHTS**
>
> ★ **National Museum**
> Exponate von Fundstücken aus der Bronzezeit bis zu Porzellan aus China
> → S. 81
>
> ★ **Al-Dhayah Fort**
> Jahrhundertealter militärischer Stützpunkt ganz oben auf dem Hügel → S. 84

RAS-AL-KHAIMAH-STADT

logen in den 1980er-Jahren: Sie entdeckten hier bronzezeitliche, 4500 Jahre alte Gräber, darunter ein ovales Grab mit mehreren Kammern. Die Gräber sind nicht zugänglich, die gefundenen Grabbeigaben im Nationalmuseum zu sehen. *Oman Road | 7 km nordöstlich*

ESSEN & TRINKEN

AL-KHOR
Zuerst ein Cocktail auf der Terrasse, als Vorspeise *houmus* und Salat, gefolgt von einem guten Steak oder von Meeresfrüchten – das Restaurant mit Blick auf den Pool des Hilton-Hotels und die Lagune von Ras Al-Khaimah setzt auf einen Mix aus arabischen und internationalen Gerichten. *Tgl. 8–23 Uhr | Bin Daheer Street | Tel. 07 2 28 88 88 | €€€*

AL-SAHARI
Günstige und gute arabische Küche, freundlicher Service. Probieren Sie den gebackenen „Sultan Ibrahim Fish", den orientalischen Salat und das Fladenbrot. *Tgl. | Sheikh Mohammed Bin Salem Road | Old Town (am Postamt) | Tel. 07 2 33 39 66 | €€*

LEBANESE HOUSE
Das kleine Restaurant serviert libanesische Küche, vorzüglich sind die gegrillten Spieße mit Hammelfleisch oder Krabben. *Tgl. | Al-Muntasir Road | neben dem Nakheel Hotel | Tel. 07 2 28 99 92 | €*

INSIDER TIPP VENUS DELUXE
Südindische, rein vegetarische Küche, und es gibt auch nordindische und chinesische Spezialitäten. *Tgl. | Oman Road | über Al-Rams Road, gegenüber der Diyafa Residence beim Safeer Supermarket | Al-Nakheel | Tel. 07 2 212164 | €€*

EINKAUFEN

MANAR MALL
Zu dem großen Einkaufszentrum gehören 110 Geschäfte (auch internationale Marken), ein Carrefour-Supermarkt, SB-Restaurants und -Cafés. *Tgl. | Al-Muntasir Road | www.manarmall.com*

FREIZEIT & SPORT

INSIDER TIPP CAMEL RACE TRACK
Auf dem 10 km langen Rundkurs lässt sich freitag- und samstagvormittags das

Glänzend! Die Manar Mall ist eins der größten Shopping-Zentren von Ras al-Khaimah

RAS AL-KHAIMAH

Training beobachten, Rennen finden Fr und Sa ab 14 Uhr (April–Okt.) statt. *Al-Sawan | Digdagga | 9 km südöstlich*

ICELAND WATERPARK (131 D2) *(K3)*
Ras Al-Khaimahs Wasserpark ist gewaltig in seinen Abmessungen und aufwendig in seiner Gestaltung – u. a. mit einem riesigen Wasserfall –, kann jedoch, was Pflege und Unterhalt betrifft, nicht immer mit den Parks in Dubai mithalten; dafür herrscht aber auch weniger Andrang, sind die Eintritts- und Getränkepreise niedriger. *Sa–Do 10–19, Fr 10–18 Uhr | Eintritt 175 Dh (unter 120 cm Körpergröße 100 Dh) | Al-Jazira al Hamra | tgl. Shuttle von Dubai | www.icelandwaterpark.com*

RAK INTERNATIONAL MARINE SPORTS CLUB
Segeln, Rudern, Wasserski: Im flachen Wasser der Lagune wurde ein Slalom Course eingerichtet, dazu gibt es Angebote für Anfänger und Profis. *Sa–Do 10–17 Uhr | 60 Dh (6 x Slalom) | Corniche Road | Khouzam (Südufer der Lagune hinter dem RAK-Hotel) | Tel. 07 2 36 44 44 | www.rakimc.com/imc*

ÜBERNACHTEN

BANYAN TREE AL WADI
Das exklusive Hotel unterhält ein einzigartiges Naturreservat mit Gazellen und anderen schützenswerten Tieren und bringt seinen Gästen Umweltschutz nahe. Diese wohnen in arabisch inspirierten Gästevillen mit Pool. Aus edel designten Badezimmern blickt man durch große Glasscheiben in die Natur. Einen schöneren Ort, um dem Zauber Arabiens zu verfallen, gibt es kaum. Auf Wunsch werden Gäste zum hoteleigenen Beachclub gebracht, nur wenige Fahrminuten entfernt. *101 Poolvillas | Wadi Al Khadiya (20 km südl. RAK-Stadt, E311 nach Norden, Exit 119, dann 7 km südl.) | Tel. 07 2 06 77 77 | www.banyantree.com |* €€€

BIN MAJID BEACH RESORT
Reihenbungalows mit kleiner Terrasse und Meerblick, drei Pools, 2 km Strand, Wassersport, Tennis, Beachvolleyball, Fitness, Shuttle nach Dubai und RAK. *92 Zi. | Al-Jazira al-Hamra | Tel. 07 2 44 66 44 | www.binmajid.com |* €€

CITY HOTEL
Recht gepflegtes Hochhaushotel mit großzügigen, behaglichen Zimmern, günstige Lage neben der Manar-Shoppingmall und an nahe der Altstadt, mit Café und Mietwagenservice. *88 Zi. | Muntasir Road | Tel. 07 2 27 40 00 | www.cityhotelrak.com |* €–€€

GOLDEN TULIP KHATT SPRINGS RESORT & SPA
Weithin sichtbar auf einem Hügel thront das Hotel im Stil eines arabischen Forts neben den Khatt Springs. Zwei eigene Pools auf der Terrasse werden von der Mineralquelle gespeist. Das Hotel lockt mit luxuriösen Zimmern, einem modernen Spa und Fitnessanlagen. Jedoch

RAS-AL-KHAIMAH-STADT

sind die Freizeitmöglichkeiten sehr eingeschränkt. INSIDER TIPP Der Eintritt zum öffentlichen Thermalbad ist für Hotelgäste kostenlos *(sonst 25 Dh)*. Täglicher kostenloser Busshuttle nach Ras-al-Khaimah-Stadt und der dortigen Manar Mall. *150 Zi. | Khatt Springs Road | 20 km südlich | Tel. 07 2 44 87 77 | www.goldentulipkhattsprings.com | €€*

HILTON RAK RESORT & SPA
Verstecktes Juwel: An einer privaten Bucht mit 1,5 km Strand haben die Gäste die Wahl unter sieben Pools und 15, teilweise hervorragenden, Restaurants. Großzügig gestaltete Zimmer und (teure) Strandvillen, die mit eigens reservierten Strandabschnitten und eigenem Frühstücksrestaurant ein exklusives Erlebnis bieten. *475 Zi. | Al-Marid Street | Tel. 07 2 28 88 44 | www.hilton.com | €€€*

JULPHAR
Das fünfstöckige Haus (auch Balkonzimmer) verfügt über Bar und Nightclub sowie ein indisches Ayurvedazentrum. Kostenloser Airport-Transfer (Sharjah und Dubai). *39 Zi. | Al Jaz'Ah Street | Al-Nakheel (gegenüber vom Expo Centre) | Tel. 07 2 28 88 84 | www.julphar-hotel.ae | €*

AUSKUNFT

RAK TOURISM OFFICE
Al-Jazirah Al-Hamra | Tel. 07 2 44 51 25 | www.raktourism.com

ZIELE IN DER UMGEBUNG

AL-DHAYAH FORT ★
(131 E2) (*K2*)
Das 2001 teilweise restaurierte Kastell wurde im 18. Jh. auf den Ruinen eines im 16. Jh. aus Lehmziegeln erbauten und später von den Portugiesen erweiterten Forts errichtet. Es erhebt sich mit zwei Türmen auf der Spitze eines Hügels (Treppe an der Rückseite) und gewährt einen umfassenden Blick auf die Dattelpalmen des Ortes Dhayah, das Hajar-Gebirge und den Arabischen Golf. 1819 wurde das Fort von den Briten eingenommen und schwer beschädigt. *Tgl. 8–12 u. 15–18 Uhr | Eintritt frei | Rams Road | 13 km nördlich (nordöstlich von Rams)*

INSIDER TIPP AL-JAZIRAH AL-HAMRA
(131 D2) (*K3*)
Ein verlassenes Fischerdorf direkt am Meer *(etwa 20 km südlich)*, das früher

Benagt vom Zahn der Zeit: das Al-Dhayah-Fort

RAS AL-KHAIMAH

auf einer rötlich schimmernden Sandbank stand und bei Flut zur Insel wurde; daher der Name „rote Insel" *(jazirah* = Insel, *hamra* = rot*)*. Heute ist die Umgebung aufgeschüttet und Festland. Die Bewohner sind in neue Häuser weiter landeinwärts gezogen und unterhalten nördlich des Dorfs einen kleinen Fischerhafen, nur noch wenige leben in den Ruinen. Die zerfallenen Häuser werden vom noch intakten Minarett der Moschee überragt, ein Spaziergang erlaubt einen Blick in die Bau- und Lebensweise vergangener Zeiten, ohne Erdöl und Wohlstand. Zwischen den Ruinen erheben sich alte Wachtürme.

KHATT SPRINGS (131 E3) (*K3*)

20 km südlich von Ras-al-Khaimah-Stadt ist das Dorf Khatt einen Ausflug wert. Eine mineralhaltige, 40 Grad heiße Quelle versorgt zwei Pools einer Badeanstalt (für Männer und Frauen getrennt) und den Wellnessbereich eines Hotels. Die schwefelhaltige Quelle wird von Einheimischen wegen der Linderung von Haut- und rheumatischen Erkrankungen gepriesen. *Tgl. 8–22 Uhr | Eintritt 25 Dh*

SHAMS (131 E1) (*L2*)

Entlang der Westküste auf dem Weg in die omanische Provinz Musandam trifft man nach 30 km (kurz vor der Grenze) auf das Fischerdorf Shams, das zum Teil in die mächtige Bergwand integriert ist. Einige der Häuser scheinen im Fels zu verschwinden. Die Siedlung hat sich ihre Ursprünglichkeit bewahrt; Besucher sollten daher Zurückhaltung zeigen.

WADI BIH (131 E–F2) (*L2*)

Das Hajar-Gebirge zieht sich vom omanischen Musandam 600 km südöstlich durch die VAE und Oman und erreicht in Ras al-Khaimah Höhen von 1800 m. Eine gute Möglichkeit, das Gebirge kennenzulernen, ist eine Tour ins *Wadi Bih:* Aufragende Felsen in allen Braun- und Grauschattierungen, steile Serpentinenpisten und phantastische Ausblicke: Das Wadi verläuft von Ras-al-Khaimah-Stadt in östlicher Richtung bis Zighy Bay an der Ostküste durch das Gebirge. Die komplette Fahrt muss mit Vierradantrieb unternommen werden, da nur ein Teil der Strecke asphaltiert ist. Weil man VAE-Grenzposten und die Grenze zu Oman passiert, gehört der Pass ins Gepäck, weitere Formalitäten sind nicht erforderlich.

Sie starten bei Sonnenaufgang am Südrand der Stadt am Lantern R/A der Oman Road in östlicher Richtung, passieren nach 5 km den Coffeepot R/A und nähern sich den Bergen. Die Straße geht in eine Piste über und steigt in Serpentinen an. Immer enger rücken die Felswände zusammen. Bevor es wieder zurückgeht, lohnt eine Pause auf dem Bergplateau. Eine bizarre, karge Atmosphäre, dazu das klare Licht, das einen z. B. auch weit entfernte Ziegenherden deutlich sehen lässt.

LOW BUDGET

In dem Coffee Shop mit Shisha-Café *Al-Fakher (Hotel Road | am Mina Saqr | Nakheel | Tel. 07 2 28 83 34)* treffen Sie ab 18 Uhr einheimische Männer bei ihrem Freizeitvergnügen; hier gibt es die preiswertesten arabischen Snacks der Stadt.

Im *Traditional Souk (Al-Qawasim Corniche Road | nördlich des Museums)* neben dem Fischmarkt im Nordosten der Old Town finden Sie arabisches Kunsthandwerk und Souvenirs in besserer Qualität und sehr viel preiswerter als in Dubai und Abu Dhabi.

FUJAIRAH & OSTKÜSTE

Dunkel schimmernde Sandstrände, Palmen und am Horizont die Gebirgslandschaft des Hajar-Gebirges – die Ostküste gehört zu den landschaftlich herausragenden Zielen der Emirate. Hier, am Golf von Oman, liegen das Emirat Fujairah (130 000 Ew.) sowie einige Enklaven von Sharjah. Die Region entwickelte sich über Jahrhunderte isoliert von den übrigen Emiraten, auch weil die kälteren und tieferen Gewässer des Golfs ein Aufblühen der Perlentaucherei verhinderten.

Auch Öl fand man an der Ostküste nicht. Doch die strategische Lage am Golf von Oman veranlasste die reichen Bruder-Emirate, zwei Häfen einzurichten, eine Straße und eine Pipeline durch das Hajar-Gebirge zu bauen. Damit konnten – bei politischen Konflikten oder bei Unfällen in der Straße von Hormus – wichtige Importgüter sicher ins Land gebracht und verteilt werden. Dies verschaffte der Ostküste einen gewissen Wohlstand.

Die Ostküste leidet zunehmend unter verschmutzten Stränden und Umweltsünden, ein Badeurlaub bringt daher nicht nur Freude. Der Strand ist immer wieder von Öl und Teerresten verschmutzt, da Tankschiffe auf dem Weg zu den Häfen von Fujairah und Khorfakkan sowie zur Straße vom Hormuz vermutlich ihre Tanks in den Gewässern vor dem Emirat Fujairah reinigen. Auch Algen und Quallen haben in den letzten Jahren zugenommen.

In den fruchtbaren Tälern von Fujairah mit 50 Dörfern und Dattelpalmen-Hai-

Grüne Landschaften und Bullenkämpfe: Dramatische Gebirgszüge und fruchtbare Täler im kleinen Emirat am Golf von Oman

nen, regiert von Sheikh Hamad Bin Mohammed al-Sharqi, betreibt man Geflügelzucht und – dank eines Stausees – ertragreiche Landwirtschaft. Seit einigen Jahren versucht Fujairah zudem verstärkt, den Tourismus zu fördern. Besonders tauchbegeisterte Besucher schätzen die Region, da die Unterwasserwelt des Golfs von Oman mit Korallenbänken und felsigen Gründen mehr zu bieten hat als die flache und sandige Westküste.

Südlich an Fujairah-Stadt schließen sich die zu Sharjah gehörenden Ortschaften Kalba und die Lagune *Khor Kalba* an, eine einzigartige Naturlandschaft, bewachsen von den selten gewordenen Mangroven und Heimat zahlreicher Vogelarten.

In der geografischen Mitte der Ostküste liegt Sharjahs Exklave *Khorfakkan* (40 000 Ew.) mit dem bereits in den 1970er-Jahren gebauten Oceanic-Hotel, wegen seines runden Dachaufsatzes längst ein Wahrzeichen der Region. Im Norden sind an den Stränden südlich von Dibba zahlreiche 3- bis 5-Sterne-Hotels entstanden.

FUJAIRAH-STADT

KARTE IM HINTEREN UMSCHLAG
(131 F4) *(L4)* Im Süden der Ostküste liegt die Hauptstadt Fujairah (70 000 Ew.), eine auf den ersten Blick wenig attraktive Siedlung, die geprägt ist von einem Containerhafen, einer Raffinerie am Stadtrand sowie viel Verkehr. um umgewandelt worden. Der palastartige Bau mit seinen vielen Räumen beherbergt heute eine Sammlung traditioneller Kleidungsstücke, antike Haushaltsgegenstände und Werkzeuge sowie eine Münzsammlung.

Das gegenüberliegende *Kalba Fort (Al-Hisn)* ist zurzeit nicht zu besichtigen, seine Wiedereröffnung ungewiss. *Sa/So, Di–Do 9–13 u. 17–20, Mo 9–13, Fr 17–20 Uhr | Eintritt 3 Dh | Kalba Corniche | Al-Hisn Area*

Geschmackssache: Den Coffeepot Roundabout ziert eine enorme Mokkakanne samt „Tässchen"

Erst in den 1980er-Jahren erhielt Fujairah ein Hotel und einen Flughafen. Der Strand ist wenig einladend, sodass die meisten Besucher auf der landschaftlich herausragenden Strecke mit Blick auf das Hajar-Gebirge hindurchfahren.

SEHENSWERTES

INSIDER TIPP BAIT SHEIKH SAEED BIN HAMAD AL-QASIMI
Das Prachthaus der Herrscherfamilie von Sharjah ist in ein ethnografisches Muse-

FUJAIRAH FORT ★ ●
Auf einem kleinen Felshügel inmitten der zerfallenen Altstadt erhebt sich das historische Fort, dessen Ursprung auf das Jahr 1670 zurückgeht. Das Bauwerk wurde immer wieder erweitert, sodass es heute aus drei Hauptgebäuden und mehreren Wachtürmen besteht. Das von Lehmruinen umgebene Fort ist vermutlich das älteste der Emirate und wurde Anfang des 20. Jhs. von den Briten schwer beschädigt. Von einem Beobachtungsplatz lassen sich die restaurierten Lehmziegel-

FUJAIRAH & OSTKÜSTE

> **WOHIN ZUERST?**
> Von Khorfakkan kommend fahren Sie die Al-Faseel Road bis zum Coffeepot R/A und biegen rechts in die Al-Nakheel Road; hinter dem nächsten Kreisverkehr liegt rechts das **Fujairah Museum**. Stellen Sie das Auto dort ab und spazieren Sie zwischen Ruinen hindurch von Lehmhäusern (Old Town) zum historischen Fujairah Fort.

Konstruktionen der Mauern und Türme erkennen. *Sa–Do 9–13, Fr 14–18 Uhr | Eintritt 2 Dh | Al-Salam Road/Ecke Al-Kalla Road | Old Fujairah*

FUJAIRAH MUSEUM
Das kleine Museum in der Nähe des Forts zeigt in seiner archäologischen Abteilung Fundstücke wie Bronzemünzen, und im Ethnografiebereich altes Werkzeug und Beduinenschmuck. *Sa–Do 8.30–13.30 u. 16.30–18.30, Fr 14.30–18.30 Uhr | Eintritt 5 Dh | Al-Gurfa Street/Ecke Al-Nakheel Road*

HERITAGE VILLAGE
Barasti-Hütten und alte Fischerboote führen in die Vergangenheit. Antike Haushaltsgeräte, Werkzeuge, landwirtschaftliche Geräte verweisen auf das Leben, wie es noch vor wenigen Jahrzehnten typisch war für Fujairah. Ein Brunnen illustriert die Wassergewinnung in den Zeiten vor der Meerwasserentsalzung. *Sa–Do 9–13 u. 16–19, Fr 15–19 Uhr | Eintritt frei | nördliches Ende der Al-Ittihad Road*

ESSEN & TRINKEN

AL-MESHWAR
Die steinerne Verkleidung des Hauses ist Attrappe, doch die arabischen Spezialitäten sind köstlich. Das Café im Erdgeschoss serviert Kleinigkeiten, im 1. Stock gibt's libanesische Küche. *Tgl. 9–24 Uhr | Hamad Bin Abdullah Road | Tel. 09 2 23 11 13 | €€*

AL-ROOF
Arabische, indische und chinesische Küche: Ob Chop Suey, Dhal (Linsencurry), Naan (indisches Fladenbrot) oder arabische Vorspeisen: Was hier auf den Tisch gelangt, ist günstig und schmeckt gut. *Tgl. | Emirates Springs Hotel | 7th floor | Sheikh Hamad Bin Abdullah Street | Tel. 09 2 23 29 22 | www.esr.ae | €€*

INSIDERTIPP KARACHI DARBAR
Ein einfaches Restaurant, das pakistanische, vorwiegend vegetarische Küche bietet. Wem die Atmosphäre inmitten asiatischer Gastarbeiter gefällt, der bekommt hier beste und authentische Küche für ein Taschengeld – hygienisch einwandfrei. *Tgl. | Murshid 2/ab Hamad Bin Abdullah Road | Tel. 09 2 22 45 65 | www.karachidarbargroup.com | €*

MARCO POLO HIGHLIGHTS

★ **Fujairah Fort**
Das historische Fort überragt die zerfallenen Mauern der Altstadt
→ S. 88

★ **Al-Bidyah Mosque**
Zu Füßen des Hajar-Gebirges – die älteste Moschee der Emirate
→ S. 91

★ **Kalba Bird of Prey Centre**
Gewaltige Geier landen auf dem Arm der Falkner → S. 92

★ **Khor Kalba**
Schutzgebiet mit Flamingos, Kormoranen und Co. → S. 92

FUJAIRAH-STADT

FREIZEIT & SPORT

INSIDER TIPP BULL BUTTING

Stierkampf auf Arabisch: Der eingezäunte sandige Platz erwacht Freitagnachmittag zum Leben. Mächtige Zebu-Bullen werden mit Pick-up-Kleinlastwagen hertransportiert und verlassen ihr Gefährt über eine Holzrampe. Wer vorzeitig kampfeslustig wird, erhält eine Handvoll Sand ins Gesicht, das beruhigt. Dann beginnt in der Arena der *mattah,* das „Kopfstoßen", viel mehr ist es nicht. Auch empfindsame Naturen und Tierschützer sind mit dieser friedlichen Variante des Stierkampfs einverstanden – ein ungewöhnliches Freizeitvergnügen im Einklang mit den Traditionen. *Fr nachm. | Eintritt frei | Bullring | südöstl. Stadtrand zwischen Fujairah Corniche u. Al-Muhait Road*

MADHAB SULPHERIC SPRING PARK

In dem 50 ha großen Freizeit- und Erholungspark sind die schwefelhaltigen Quellen mittlerweile versiegt. Das tut der Beliebtheit indessen kaum Abbruch: Es gibt mehrere Pools, Restaurant und Café sowie diverse Grillplätze und einfache Bungalows für den Tagesaufenthalt. *Tgl. 9–22 Uhr | Eintritt 3 Dh, Bungalow 150 Dh, Poolnutzung 5 Dh | nördliches Ende der Al-Ittihad Road*

ÜBERNACHTEN

INSIDER TIPP BREEZE MOTEL

12 km südlich von Fujairah liegt am Meer ein kleines Hotel mit gleichnamigem Restaurant am Strand. Familienzimmer, Minigolf und Pool; preiswert und in einmaliger Lage. *34 Zi. | Kalba Corniche Road | Tel. 09 2 77 71 13 | €*

HILTON FUJAIRAH

Das Hotel liegt am dunklen und gepflegten Privatstrand zwischen Palmen. Moderne Zimmer und eine entspannte Atmosphäre in den Restaurants und Bars. Eine gute Adresse ist das *Sailor's Restaurant (€€)* am Strand mit vorzüglichen Meerestier- und Fischgerichten. *92 Zi. | Al-Faseel Street | Tel. 09 2 22 24 11 | www.hilton.com | €€€*

MIRAMAR AL-AQAH BEACH RESORT

In marokkanischem Stil: dreistöckige Ferienanlage für Familien mit 200 m Privatstrand, Pools, Schwimmhalle, Tennis, Beachvolleyball, Kinderclub, Wellness- & Health-Club, Fitnessraum. Vor einem grandiosen Bergpanorama liegen Villen in den Farben der Wüste. Innen prägen Bogengänge und Kronleuchter das Flair. *321 Zi. | Al-Aqqah | 15 km südl. Dibba, 45 km nördl. Fujairah-Stadt | Tel. 09 2 44 99 94 | www.iberotel.de | €€*

RAYNOR

Das Haus im Einheitsstil, wie er in den vergangenen Jahrzehnten typisch war für die nördlichen Emirate, bietet einfa-

LOW BUDGET

An der Ostküste gibt es zwei Jugendherbergen: in *Khorfakkan (24 Betten | Corniche Road | Tel. 09 2 37 08 86)* und *Fujairah-Stadt (48 Betten | 203 Al-Fazil Area | Tel. 09 2 22 23 47)* mit sehr preiswerten Betten (75 Dh). *www.uaeyha.com*

Ein Tag im Freizeitpark *Madhab Sulpheric Spring Park (Mo–Sa 9–22 Uhr | nördliches Ende der Al-Ittihad Road | Fujairah)* dient der Erholung und kostet nur 3 Dh Eintritt und 5 Dh für die Poolbenutzung.

FUJAIRAH & OSTKÜSTE

che, zum Teil durchaus komfortable Zimmer und Apartments. Interessant für Besucher, die mit Auto unterwegs sind. *30 Zi. | Al-Murbah Street (Straße nach Kalba) | Tel. 09 2 36 11 16 | €–€€*

AUSKUNFT

FUJAIRAH TOURISM & ANTIQUES AUTHORITY
Trade Centre | Hamad Bin Abdullah Road | Tel. 09 2 23 15 54 | www.fujairahtourism.ae

ZIELE IN DER UMGEBUNG

AL-BIDYAH MOSQUE ★
(131 F3) (*M* L3)

An der ☼ Straße, mit phantastischen Ausblicken auf Felsen, Meer und Palmenhaine, liegt ein kunsthistorisches Juwel: Die kleine, weiße und schmucklose Anlage mit ihren runden Formen hebt sich vom Grau der Felsen ab. Die vermutlich 1466 erbaute Moschee gilt als die älteste der Emirate. Vier kleine Kuppeln sowie – ungewöhnliches Element – eine zentrale Säule sind aus Lehm gebaut. Die von zwei alten Wachtürmen überragte Moschee ist für Besucher geöffnet. *Tgl. meist 9–12 Uhr geöffnet | Eintritt frei | Khorfakkan–Dibba Road | Al-Bidyah | 35 km nördlich von Fujairah-Stadt*

DIBBA **(131 F3) (*M* L3)**

Ein Fischerort (10 000 Ew.), gelegen an der nördlichen Grenze zur omanischen Provinz Musandam, der sich in drei Teile gliedert: nämlich in das zu Fujairah gehörende *Dibba Muhallab*, *Dibba Hisn (Sharjah)* sowie das zu Oman gehörende *Dibba Bayah* (an der dortigen Grenze erfolgt nur eine kurze Passkontrolle). Obwohl es sich bei Dibba um eine neue Stadt mit reger Bautätigkeit handelt, tragen der große natürliche Hafen, golden leuchtende Sandstrände und die am Horizont aufragenden Hajar-Berge zur Attraktivität Dibbas bei. Entlang der Strände liegen zahlreiche Hotels: Das ☼ *Radisson Blu Resort Fujairah (257 Zi. | Dibba | Tel. 09 2 44 97 00 | www.radissonblu.com/resort-fujairah | €€€)* besitzt große Zimmer, alle mit Terrasse oder Bal-

Beten auf historischem Boden: Die 550 Jahre alte Al-Bidyah Mosque ist die älteste der Emirate

FUJAIRAH-STADT

kon und Panorama-Meerblick, dazu Restaurants, Cafés und Bars, diverse Pools und ein schönes Zen-Spa, ein renommiertes Tauchzentrum sowie den *Kodomo Kids Club* mit Children's Pool & Waterpark. Romantisch, cool, mit Blick aufs Meer: In der hoteleigenen *Grand Bleu Lounge* mit Rooftop trifft man sich bis in die frühen Morgenstunden bei Cocktails und Wasserpfeife.

Das bekannte *Sandy Beach Hotel (28 Chalets u. 40 Zi. | Dibba-Khor Fakkan Road | Al-Aqqah | Tel. 09 2 44 55 55 | www.sandybeachhotel.ae | €–€€)* hat ebenfalls vorzügliche Strandlage, jedoch eine recht einfache Ausstattung: Gegenüber von *Snoopy Island,* einer Kleinstinsel, liegt das auch von Tauchern geschätzte Hotel (eigene Tauchstation) mit Zimmern und Terrassen direkt am Meer sowie Chalets mit ein bis drei Schlafzimmern und eigenem Grillplatz.

KALBA BIRD OF PREY CENTRE ⭐ 🟢
(131 F4) (*ω L4*)

Zwischen nackten Bergen liegt das engagiert geführte Zentrum mit 45 Raubvogelarten – Falken, Eulen, Habichte, Bussarde, Geier und Adler. In einer einstündigen Show genießt man die vielen Insiderinfos der aus Südengland und Südafrika stammenden Falkner und erfreut sich an den stolzen Tieren. Und wenn gelegentlich einer der eigenwilligen Geier ein paar Extrarunden über den Köpfen der Zuschauer dreht, ist das eine großartige Zugabe. *Tgl. 9–18 Uhr, Shows 10, 14, 16 Uhr | Eintritt 50 Dh | Al-Ghail | neben Al-Ghail Fort*

KHORFAKKAN **(131 F3) (*ω L3*)**

Der geschäftige Ostküstenhafen von Sharjah (40 000 Ew.) lockt mit einer prächtigen Corniche, die sich vom Oceanic-Hotel bis zur Stadt zieht und morgens und in der Dämmerung von zahlreichen Spaziergängern besucht wird. Das große, mehrere Jahrzehnte alte *Oceanic-Hotel (www.oceanichotel.com)*, heute etwas in die Jahre gekommen, fällt durch seinen runden 🌿 Dachaufsatz auf, ein Fitnesscenter, aus dessen großen Fenstern man Meer und Strand überblickt. Das nebenan liegende *Padi-Tauchzentrum* macht Anfänger und erfahrene Taucher mit der Unterwasserwelt der Region bekannt und bietet täglich geführte Tauchgänge an.

Auffällig ist der Sommerpalast des Emirs am Berghang gegenüber dem Oceanic-Hotel. Ein alter Wachturm aus dem frühen 16. Jh. erinnert an die portugiesische Herrschaft (1507–1650). Tatsächlich war der berühmte portugiesische Seefahrer Vasco da Gama der erste Europäer, der 1498 Khorfakkan beschrieb. An dem von Palmen gesäumten 🌿 Strand liegen Cafés und ein Restaurant, und man genießt einen herrlichen Panoramablick aufs Gebirge. *25 km nördlich von Fujairah-Stadt*

KHOR KALBA ⭐ **(131 F5) (*ω L4*)**

Eine breite Corniche führt von Fujairah-Stadt südlich nach Kalba bis zur Khor Kalba. Zwischen der Straße und dem Strand liegen von Palmen beschattete Parks und Gärten mit Cafés, Restaurants und Spielplätzen. Zwischen Kalba und Khor Kalba bittet das *Breeze Motel (s. S. 90)* mit seinem Strandrestaurant zu einer Pause. Die Einfahrt zum 🟢 Naturschutzgebiet *Khor Kalba* erfolgt über eine Brücke, an der Straße liegen Picknickplätze. Der älteste Mangrovenwald Arabiens erstreckt sich über 7 km in zwei Gezeitenlagunen, bevölkert von unzähligen Flamingos, Kormoranen und anderen Vögeln. In der Lagune ankern Fischerboote, an Land sieht man die Eisfabrik der Fischkooperative. Das Licht kurz vor Sonnenuntergang verführt zu stimmungsvollen Lagunenfotos. *12 km südlich von Fujairah-Stadt*

FUJAIRAH & OSTKÜSTE

MASAFI FRIDAY MARKET
(131 E4) (*ω L3–4*)

Mehr Fotostopp als Einkaufsgelegenheit, jedoch originell und „echt". Indische und pakistanische Händler bieten exotische Früchte, hölzerne Fensterläden, pakistanische Teppiche, Keramikwaren, Pflanzen, aufblasbare Plastikspielsachen u. v. m. links und rechts der Straße nach Al-Dhaid feil. *Tgl. 8–21 Uhr | Al Dhaid-/ East Coast Road | Masafi | 35 km von Fujairah-Stadt*

Fjorde angeboten; Anbieter: *Arabia Horizons (Golden Business Centre | Airport Road | Dubai | Tel. 04 2 94 60 60 | www.arabiahorizons.com | 350 Dh mit Abholung aus dem Hotel in Dubai, Sharjah, RAK und Fujairah | Reisepass ist nötig).*
Das schönste Hotel der Ostküste ist das ● INSIDER TIPP *Six Senses Hideaway Zighy Bay (79 Pool Villas | Zighy Bay | 20 km nördlich von Dibba: 12 km Asphaltstraße, 5 km Schotterweg bis zur Rezeption, 4 km hoteleigener Jeep | Tel. 02*

Wohltuende Ruhe in karger Natur: Schnorcheln in Musandam

MUSANDAM ☘ (131 F1) (*ω L1*)

Eintauchen in die wilde, unzugängliche Welt der Musandam-Halbinsel: Die nördliche omanische Exklave Musandam gilt als „Norwegen Arabiens", besitzt einsame Fjorde, überragt von hohen Bergen, und kleine abgelegene Dörfer, verschont von den Segnungen der Moderne. Die Gewässer sind noch glasklar und verführen zum Schnorcheln und Schwimmen. Ab Dibba werden INSIDER TIPP *Bootstouren mit der Dhau* in die omanischen

6 73 55 55 | www.sixsenses.com | €€€): Das Resort liegt am Meer, sieht aus wie ein Fischerdorf und bietet naturverbundenen Luxus. Man wohnt in Natursteinvillen mit Pool, Außendusche und 24-Stunden-Butlerservice. Das Spa ist verführerisch, der Blick beim Dinner auf dem ☘ *Beobachtungsdeck* des „Weinturms" großartig. Da das Hotel in Oman liegt, muss man bei der Anreise mit dem Auto an einer Kontrollstelle den Reisepass vorzeigen; ein Visum ist nicht nötig.

ERLEBNISTOUREN

① DIE VEREINIGTEN ARABISCHEN EMIRATE PERFEKT IM ÜBERBLICK

START: ① Abu Dhabi
ZIEL: ⑬ Fujairah

8 Tage
reine Fahrzeit
18 Stunden

Strecke:
➡ 1010 km

KOSTEN: 900 Euro/Person für Übernachtungen, Verpflegung und Eintritte; 300 Euro für Mietwagen
MITNEHMEN: Schnorchelausrüstung, Fernglas

ACHTUNG: Die Rückfahrt von Fujairah nach Dubai (6 Euro) oder Abu Dhabi (12 Euro) kann auch mit dem Bus erfolgen.

Architektur-Highlights und wilde Berglandschaften, Wüste und Meer, abgelegene Oasen und Mega-Citys prägen diese Tour, auf der Sie in kurzer Zeit die Vielfalt der

Diese Touren finden Sie als App unter http://go.marcopolo.de/vae

Jeder Zipfel dieser Erde hat seine eigene Schönheit. Wenn Sie Lust haben, die einzigartigen Besonderheiten dieser Region zu entdecken, wenn Sie tolle Tipps für lohnende Stopps, atemberaubende Orte, ausgewählte Restaurants oder typische Aktivitäten bekommen wollen, dann sind diese maßgeschneiderten Erlebnistouren genau das Richtige für Sie. Machen Sie sich auf den Weg und folgen Sie den Spuren der MARCO POLO Autoren – ganz bequem und mit der digitalen Routenführung, die Sie sich über den QR-Code auf S. 2/3 oder die URL in der Fußzeile zu jeder Tour downloaden können.

Region erfahren. Im Emirat Sharjah entdecken Sie die schönste Altstadt der Region, in Dubai geht es nicht nur auf die spektakuläre Palm Island, sondern auch zu gewaltigen Wüstendünen und durch das majestätische Hajar-Gebirge.

❶ **Abu Dhabi → S. 33** ist Ausgangspunkt für eine Reise durch das Land. Erster Fotostopp ist die spektakuläre **Sheikh-Zayed-Moschee → S. 38. Fahren Sie anschließend mit dem Taxi zum Corniche Park East und spazieren Sie die Meerespromenade entlang** mit Blick auf die Skyline der Metropole zum **Heritage Village → S. 36**. Den Nach-

TAG 1
❶ Abu Dhabi

Bild: Autobahn bei Dubai

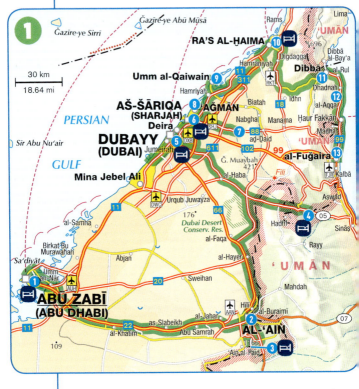

TAG 2 206 km

❷ Al-Ain

41 km

mittagstee nehmen Sie im märchenhaften und goldüberladenen **Emirates Palace → S. 36**. Abends geht es dann zum Dinner in das **Drehrestaurant Stratos → S. 39** des Meridien-Hotels mit Rundumblick über Stadt und Meer. Übernachtung am besten in einem der zahlreichen Hotels der Stadt → S. 41/42.

Nachdem Sie sich einen Mietwagen besorgt haben, fahren Sie durch flache Sandwüste **über die begrünte Autobahn E 22 nach ❷ Al-Ain → S. 44**. Mehr als 200 Quellen speisen hier viele Parks und Gärten. Romantisch ist ein Bummel durch die Dattelpalmenhaine der ursprünglichen Oase, interessant und inspirierend ein Besuch der Ausstellungen im **Al-Jahili Fort → S. 46**. Lassen Sie sich auch das aufregende, exotische Treiben auf dem **Kamelmarkt → S. 46** nicht entgehen! Zum Sonnenuntergang fahren Sie dann über eine Serpentinenstraße hinauf auf den

Diese Touren finden Sie als App unter http://go.marcopolo.de/vae

ERLEBNISTOUREN

❸ **Jebel Hafeet** → S. 49. In 915 m Höhe können Sie dort mit phantastischem Ausblick im **Mercure-Hotel** → S. 49 übernachten.

Am nächsten Morgen geht es **über die E 66 (Al-Ain Road), vorbei am Hili Archaeological Park** → S. 46, **und die E 55 zur Straße E 44 nach** ❹ **Hatta** → S. 59. Die traditionsreiche Sommerfrische der Dubaier ist durchzogen von Palmenhainen und wunderschön gelegen vor der Bergkulisse der Hajar Mountains. Checken Sie ein im **Hatta Fort Hotel** → S. 59, und unternehmen Sie von dort noch eine Tour ins **Heritage Village** → S. 59 und zu den **Hatta Pools** → S. 59.

Über die E 44 kommen Sie, teilweise am Rand hoher Sanddünen (die Sie übrigens bei einem Kamelritt erkunden können) nach ❺ **Dubai** → S. 50. Fahren Sie mit dem Wassertaxi über den Creek und genießen Sie in einem der Cafés auf der Bur-Dubai-Seite die unvergleichliche Atmosphäre. Zur weiteren Besichtigung der City gehören unbedingt der **Burj Khalifa** → S. 53, das höchste Bauwerk der Welt im alt-arabisch gestylten Viertel Downtown Dubai und eine Fahrt mit der Monorail über die künstliche Insel **The Palm Jumeirah** → S. 54 zum spektakulären Atlantis-Hotel. Ein Muss sind auch ein Besuch der **Dubai Mall** → S. 55 mit dem gewaltigen **Dubai Aquarium** und ein Bummel durch die Souks. Zwei Übernachtungen → S. 57/58 sind nötig, um die Highlights der Stadt zu erleben.

Nicht weit nördlich liegt das Emirat ❻ **Sharjah** → S. 60. Cafés und Restaurants säumen das Flanierviertel Qanat al-Qasba, hier treffen Sie Einheimische und asiatische Gastarbeiter. Im **Souk al-Arsah** → S. 68 genießen Sie süßen Chai, nachdem Sie durch die Paläste und Museen der Altstadt gestreift sind. Ein Abstecher lohnt sich in den östlich der Stadt gelegenen ❼ **Sharjah Desert Park** → S. 71 mit mehreren Museen. In diesem Naturpark erfahren Sie, welche Pflanzen und Tiere die Wüste bevölkern. Zur Übernachtung ist eins der vielen Strandhotels ideal → S. 69/70.

Entlang an der Küste des Arabischen Golfs fahren Sie in das nur wenige Kilometer entfernte ❽ **Ajman** → S. 73 mit vielen niedrigen, einfachen Betonhäusern. Am Strand erheben sich schon die ersten Luxushotels. Auf einem Spaziergang lernt man die besondere Atmosphäre dieses Orts schätzen, kehrt für wenige Cent in einer einfachen Teebude auf einen Drink ein, isst vorzüglich und obendrein billig in

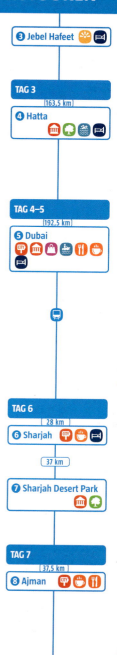

einem der indischen Lokale, zum Beispiel im **INSIDER TIPP** **India House** *(tgl. | Sheikh Rashid bin Humaid Road | neben Choitram | Tel. 06 7 44 24 97 | www.indiahouseajman.com | €).* Anschließend geht es weiter über die E 11 ins nördlich angrenzende ❾ **Umm al-Qaiwain → S. 75**. Hier besuchen Sie auf jeden Fall das wundervolle **Umm al-Qaiwain Museum → S. 76**, das im historischen Fort untergebracht ist, einem der wenigen noch erhaltenen Bauwerke aus der Vergangenheit der Region. Ca. 70 km weiter über die E 11 liegt ❿ **Ras-Al-Khaimah → S. 79**. Dort bietet sich eine Übernachtung im schönen Strandhotel **Hilton Resort → S. 84** an – mit einem Bad im Arabischen Golf.

Am nächsten Tag besichtigen Sie die Altstadt mit dem hervorragenden **National Museum → S. 81**. **Die anschließende Fahrt durchs Hajar-Gebirge an die Ostküste auf der E 87 ist landschaftlich äußerst reizvoll und bringt Sie nach** ⓫ **Dibba → S. 91**, wo Sie nette und günstige Strandhotels finden für eine Pause und eine Schnorchelrunde im Meer. **Auf der Weiterfahrt über die E 99** besuchen Sie die kleine ⓬ **Al-Bidyah-Moschee → S. 91**, die älteste der Emirate mit viel Atmosphäre, **und fahren durch Khor Fakkan nach** ⓭ **Fujairah → S. 88**. Dabei lernen Sie weitere, außerordentlich schöne Landschaften kennen: schroffes, blaugrau schimmerndes Gebirge und tiefgrün leuchtende Palmenhaine. Im **Fujairah Fort → S. 88** sehen Sie noch die Einschüsse eines britischen Angriffs, das **Restaurant Al-Meshwar → S. 89** erstaunt mit seiner Architektur im Stil einer Palastruine. Bei einem Mocktail in der **Breezers Beach Bar** des **Hilton-Hotels → S. 90**, in dem Sie natürlich auch nächtigen können, genießen Sie dann die Stunde der Dämmerung, untermalt vom Rauschen des Meers.

VON SHARJAH ZUM GOLF VON OMAN

START: ❶ Sharjah-Stadt
ZIEL: ❶ Sharjah-Stadt

1 Tag
reine Fahrzeit
4 Stunden

Strecke: 330 km

KOSTEN: 50 Euro/Person für Verpflegung und Eintritte; 40 Euro für Mietwagen
MITNEHMEN: Fernglas, Picknick

ERLEBNISTOUREN

In allen möglichen Rot- und Brauntönen leuchtendes Gebirge, das teilweise bis ans Meer reicht, begleitet Sie bei diesem landschaftlich reizvollen Ausflug. Ins Gespräch mit Händlern kommen Sie auf einem lebhaften Straßenmarkt, wo Sie sich mit Datteln, Mangos und Melonen versorgen können. In Bidyah besichtigen Sie eine jahrhundertealte, winzige Moschee. Und im Bird of Prey Centre erleben Sie eine Falknervorführung, bei denen Geier mit gewaltigen Schwingen die Stars sind.

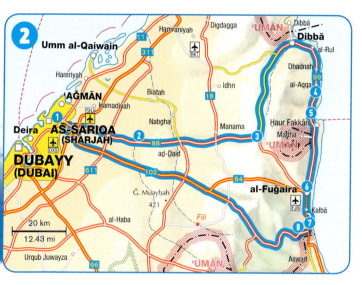

08:00 Von ❶ **Sharjah-Stadt → S. 61** aus geht es auf der E 88 vorbei am Sharjah Airport in traditioneller islamischer Architektur zum ❷ **Sharjah Desert Park → S. 71**. Nicht nur, wenn Sie mit Kindern unterwegs sind, lohnt sich der Besuch in diesem liebevoll und professionell gestalteten Wüstenpark. **Nach weiteren 20 km erreichen Sie Al-Dhaid**, einen ausgedehnten Handelsplatz für landwirtschaftliche Produkte mit zahlreichen Werkstätten und indischen und pakistanischen Restaurants am Straßenrand. Einen Becher Chai (heißer, süßer Tee im Pappbecher für 1 Dh) und indische Samosas (Teigtaschen mit Gemüse) gibt es überall, doch ein längerer Stopp lohnt nicht. Nachdem Sie zahlreiche Roundabouts in der Stadt umrundet haben, geht es weiter, **und nach ca. 30 km ist** ❸ **Masafi** am Fuß des Hajar-Gebirges errreicht. Das Dorf gehört zu gleich zwei Emiraten – Ras al-Khaimah und Sharjah –, und in seiner Umgebung gedeihen Mangos, Limonen und Orangen, sprudeln Wasserquellen am Gebirgs-

Solche bunten Durstlöscher türmen sich auch auf dem Friday Market in Masafi

rand. Teppichladen an Teppichladen reiht sich entlang der Durchfahrtsstraße, und ein Bummel über diesen täglich stattfindenden **Friday Market → S. 93** bietet sich an zum Kauf von Kokosnüssen, Proviant und Wasser für ein späteres Picknick irgendwo an der Strecke. Masafi heißt „reines Wasser", und so heißt auch der große Mineralwasserabfüller **an der E 89, die hier in nördlicher Richtung durch die schroffen Berge abzweigt.** Freuen Sie sich auf den landschaftlich aufregendsten Teil der Tour, auf die Durchquerung des Hajar-Gebirges, die Fahrt durch Schluchten und grüne Täler; machen Sie eventuell eine kurze Rast. Schließlich erreichen Sie den Golf von Oman und **Dibba → S. 91**. Die Stadt gehört zu den Emiraten Fujairah und Sharjah, ein Teil liegt gar in der nördlichen Provinz Musandam von Oman. Auf dem weiteren Weg gen Süden entfernen Sie sich vom Meer und sehen nach wenigen Kilometern am Fuß des Gebirges die kleine ❹ **Al-Bidyah Mosque → S. 91**.

13:00 Im Sonnenlicht sehen die Berge bei ❺ **Khorfakkan → S. 92** wie gemalt aus. Im **Hotel Oceanic**, leicht zu erkennen an seinem runden Dachaufsatz, sollten Sie endlich Ihre Mittagspause einlegen, nämlich im **Restaurant Al-Murjan** *(tgl. | Tel. 09 2 38 51 11 | oceanichotel.*

ERLEBNISTOUREN

com / €€), und sich vom köstlichen Lunchbuffet bedienen. Nach einem abschließenden starken Mokka fühlen Sie sich dann wieder fit, um einen Spaziergang auf der Meerespromenade ins Zentrum zu unternehmen. **Nur 30 km sind es anschließend nach ❻ Fujairah-Stadt → S. 88 – Altstadt und Fort** sind eine Besichtigung wert. Südlich der Stadt erreichen Sie die am Meer liegende Ortschaft Kalba und das anschließenden Naturschutzgebiet **❼ Khor Kalba → S. 92**, eine von Mangroven durchwachsene, sumpfige Lagune. Eine Brücke führt in das gleichnamige Naturschutzgebiet. Unternehmen Sie einen kleinen Spaziergang und machen Sie Fotos: mit etwas Geduld entdecken Sie auch einige der hier lebenden Vogelarten.

16:00 Danach wird es Zeit für das 🌿 **❽ Kalba Bird of Prey Centre → S. 92, südlich von Khor Kalba neben dem Al-Ghail Fort gelegen,** ein herausragendes Ökotourismus-Projekt der Region. Zusammen mit Einheimischen nehmen Sie Platz im Amphitheater und genießen die Flugdemonstrationen der hier lebenden Raubvögel, darunter auch zahlreiche beeindruckende Geier, die Sie mit ihrem eigenwilligen Verhalten amüsieren werden. **Für die Rückfahrt bietet sich eine Abkürzung an, die von Khor Kalba zu einem Tunnel und weiter durch das Gebirge über die Autobahn E 102 zurück nach ❶ Sharjah-Stadt führt.**

③ VON DUBAI NACH ABU DHABI UND AL-AIN

START: ❶ Dubai
ZIEL: ❶ Dubai

Strecke: 590 km

3 Tage reine Fahrzeit 7 Stunden

KOSTEN: 290 Euro/Person für Übernachtungen, Verpflegung und Eintritte; 120 Euro für Mietwagen
MITNEHMEN: Badesachen, Picknick

Sind die Eindrücke, die Sie von der Mega-City Dubai haben, noch zu übertreffen? Auf einer Tour mit dem Mietwagen entdecken Sie Abu Dhabi, reichstes und größtes der sieben Emirate. Hier werden Sie Zeuge des Lebensstils der auf einer Insel erbauten Millionenmetropole und sehen einige ihrer spektakulären Gebäude. Dann geht es quer durch die Wüste in die Oasenstadt Al-Ain. Von einem Plateau hoch auf dem Jebel Haffeet blicken Sie hinunter auf Wüste und Siedlungen.

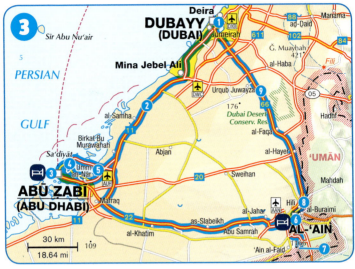

TAG 1
❶ Dubai
66 km
❷ Swiss-Belresort Ghantoot
86 km
❸ Abu-Dhabi-Stadt

Sie verlassen ❶ **Dubai → S. 52** gen Süden auf der E 11 und fahren bis **Jebel Ali** und immer wieder vorbei an gewaltigen Baustellen; **anschließend durchqueren Sie** die weite, flache Salzwüste, die sich parallel zur Küste des Arabischen Golfs erstreckt. Im Hotel ❷ **Swiss-Belresort Ghantoot** *(Sheikh Mohammed Bin Rashid Road (E 11) | Exit 399 | Tel. 02 5 06 88 88 | www.swiss-belresortghantoot. com | €€)* auf halber Strecke unterbrechen Sie die Fahrt für einen Kaffee. Der Strand sieht verlockend aus, und es gibt auch ein kleines Wassersportzentrum. **Anschließend sind es noch ca. 47 km bis zum Abzweig der E 10 nach** ❸ **Abu-Dhabi-Stadt → S. 34, das Sie nach weiteren 38 km erreichen.** Abu Dhabi wurde auf einer Insel erbaut, und Sie bekommen nun gleich den besten Eindruck von der über Brücken mit dem Festland verbundenen Metropole. **Wählen Sie die mittlere von drei Brücken, die Maqta Bridge,** die den schmalen Kanal Khor al-Maqta überspannt. So sehen Sie den im niedrigen Wasser stehenden **Al-Maqta Tower**, eines der letzten Überbleibsel aus einer Zeit, als noch Kamelkarawanen vor der Stadt in Karawansereien nächtigten. **Halten Sie sich anschließend weiter rechts und fahren an der Ostseite der Insel gen Norden** – so kommen Sie auf die am Meer entlang führende Eastern Corniche. Hier genießen Sie einen faszinierenden Blick auf lang gestreckte Mangroveninseln und ausgedehnte Parkanlagen.

ERLEBNISTOUREN

Nach dem Einchecken, z. B. im **Al-Diar Mina → S. 41**, bummeln Sie über den weitläufigen, am Meer gelegenen **Corniche Park → S. 35** und kehren in einem der schicken Beach-Cafés ein. Auch Nicht-Hotelgäste können das prächtige **Emirates Palace → S. 36** ansteuern und sich mit eigenen Augen von der Weitläufigkeit und Opulenz des berühmtesten Hotels des Emirats überzeugen. Ein „Muss" ist auch ein Besuch der **Sheikh Zayed Grand Mosque → S. 38**, die nach Einbruch der Dunkelheit illuminiert ist.

Am nächsten Morgen geht es **über den Khalifa Highway vom Nordostende der Stadt nach ❹ Saadiyat Island → S. 37**, Abu Dhabi spektakulärer Museumsinsel. Seit Anfang 2016 ist hier der INSIDERTIPP **Louvre Abu Dhabi** eröffnet – machen Sie sich selbst ein Bild! **Weiter geht es über Abu Dhabis Freizeitinsel Yas Island → S. 39 zum Hotel ❺ Yas Viceroy → S. 43** zwischen Yachthafen und der Formel-1-Rennstrecke. Warum nicht hier auf einen Kaffee oder zum Lunch einkehren? **Die Autobahn E 22 von Abu Dhabi nach Osten** ist gesäumt von Dattelpalmen, und schnell ist **❻ Al-Ain → S. 46** erreicht, der Geburtsort von Staatsgründer Sheikh Zayed. Restaurierte Forts, ein nationales Museum, den schönsten Zoo der Emirate und einen authentischen Kamelmarkt gibt es zu entdecken. Für die Übernachtung bietet sich das traditionsreiche Hotel **Al-Ain Rotana → S. 48** an. Ein Erlebnis der besonderen Art ist die Fahrt **über die 12 km lange Serpentinenstraße** mit ihren 60 Kurven auf den 1350 m hohen **❼ Jebel Hafeet**. Die Straße führt vorbei an den Palästen der Herrscherfamilie zu einem Plateau, von dem man mit einer faszinierenden Aussicht belohnt wird. Auf einem großen Platz, flankiert von Bergwänden, treffen sich am Wochenende die Einheimischen und freuen sich an den um die Gipfel kreisenden Falken.

Auf dem Rückweg müssen Sie den **❽ Hili Archaeological Park → S. 46** besuchen, dessen 5000 Jahre altes Rundgrab zum Weltkulturerbe gehört. Beeindruckend sind auch die gewaltigen Eukalyptusbäume und die gesamte tropische Bepflanzung des Parks. Last but not least: 50 m vor Dubai passieren Sie die **❾ Big Red → S. 59**, gewaltige, in allen Rottönen schimmernde Sanddünen. Auf Kamelen können Sie durch die Wüstendünen schaukeln, oder zu Fuß deren Kamm erklimmen. Ein großer Spaß, bevor Sie **❶ Dubai** wieder erreichen.

4. VON ABU DHABI ZU DEN LIWA-OASEN

START: ① Abu-Dhabi-Stadt
ZIEL: ⑤ Liwa Hotel

1 Tag
reine Fahrzeit
5,5 Stunden

Strecke:
➡ 345 km

KOSTEN: 25 Euro/Person für Verpflegung und Eintritt; 50 Euro für Mietwagen
MITNEHMEN: Sonnenschutz, Wasser

Die Liwa-Oasen → S. 43 liegen etwa 230 km südwestlich von Abu-Dhabi-Stadt und erstrecken sich in einem weiten Bogen am Rand der legendären Wüste Rub al-Khali. Abends senkt sich mitunter dichter Nebel über die grandiose Landschaft, und von der Hotelterrasse blicken Sie in ein gewaltiges Sandmeer. Zwei Highlights warten auf der Fahrt: ein kurioses Automuseum und ein Wüstenhotel, das an ein arabisches Schloss erinnert.

① Abu-Dhabi-Stadt

09:00 Von ① **Abu-Dhabi-Stadt → S. 34 fahren Sie 36 km zur E 11 und wenden sich dort nach Süden bis zum Abzweig nach Hamim.** Schnurgerade verläuft die E 65

Beinahe wie eine Fata Morgana: das Luxushotel Anantara Qasr Al-Sarab am Rand der Liwa-Oasen

ERLEBNISTOUREN

140 km durch die Wüste. Nach ca. 25 km sehen Sie links ein überdimensionales Landrover-Modell, in dem sich ein Shop für Reiseproviant befindet. Dahinter liegt das pyramidenförmige ❷ INSIDER TIPP **Emirates National Auto Museum** (tgl. 9–18 Uhr | Eintritt 50 Dh | www.enam.ae). Es gehört Sheikh Hamad aus der königlichen Familie, der auch „Regenbogenscheich" genannt wird, weil er Autos in Bonbonfarben mag. Gezeigt werden über 200 teilweise äußerst ungewöhnliche Fahrzeuge und Oldtimer. Die bizarre Sammlung umfasst u. a. einen Wohnwagen in Form einer Weltkugel mit vielen Zimmern sowie Autos mit zwei Meter hohen Rädern. Nachdem Sie sich mit einem frischen Saft gestärkt haben, **geht es weiter schnurgerade nach Hamim**. Hier lohnt sich der 12 km lange Abstecher auf geteerter Straße durch die Wüste zum ❸ **Qasr Al-Sarab** (Qasr Al-Sarab Road | Tel. 02 8 86 20 88 | www.qasralsarab.anantara.com | €€€), einem Wüstenhotel, das wie eine Fata Morgana inmitten goldener Sanddünen aufragt. Parken Sie Ihr Auto, bummeln Sie durch die Anlage und bestellen Sie sich im Foyer einen orientalischen Tee.

18:00 Wieder zurück in Hamim schlängelt sich die Straße nach Westen durch Dünen und Plantagen, vorbei an Farmen und vielen Dörfern. **Nach ca. 80 km erreichen Sie Mezirah**, den Hauptort der Oasen, in der geografischen Mitte der Ost-West-Straße gelegen, an der die anderen Oasendörfer liegen. Höhepunkt des Aufenthalts in den Liwa-Oasen ist eine Wüstenrundfahrt zum **ca. 30 km südlich von Mezirah gelegenen** ❹ INSIDER TIPP **Moreeb Hill**, einer fast 250 m hohen und 1,6 km langen Sanddüne – Wüste, wie man sie sich als Europäer vorstellt. Speisen – und ggf. übernachten – können Sie im ❺ **Liwa Hotel** (61 Zi. | Mezirah | Tel. 02 8 82 20 00 | www.almarfapearlhotels.com | €€), einem ansprechend gestalteten Hotel mit großem Pool, Restaurant mit bester indischer Küche und Blick auf die umgebende Wüste.

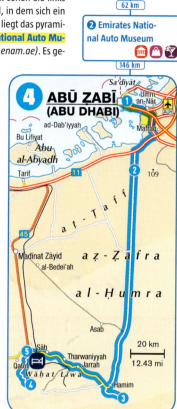

Bild: Kayaktour bei Khor Kalba

SPORT & WELLNESS

Die Küsten verfügen über breite Strände und eine exotische Unterwasserwelt, also beste Voraussetzungen für Wassersport. Auch die entsprechende Infrastruktur der Hotels ist vielfältig. Typisch Emirate: Sie können in der Wüste Sandboard fahren und in mehreren Städten auf Eisbahnen Schlittschuh laufen.

DUNE SKIING

Ausflüge in die Wüste, meist mit Picknick, Kamelreiten, etwas Folklore, dazu eine Runde Sandboarding oder Dune Skiing in den Dünen, bietet *Net Tours (Al-Zarouni Building | Sheikh Zayed Road | Al-Barsha 1 | Tel. 04 3 76 23 33 | www.nettoursuae. ae)*, auch in Abu Dhabi *(Khalifa Street | gegenüber vom Sheraton-Hotel)*.

GOLF

Die Emirate verfügen über zahlreiche Weltklasse-Golfplätze, die meisten davon liegen in Dubai. Zu den renommiertesten Plätzen der VAE gehört der altbewährte *Emirates Golf Club (www.dubaigolf.com)* in Dubai mit den Courses „Majlis" und „Wadi", an seinem Wahrzeichen, dem beduinenzeltartigen Clubhaus, gut zu erkennen. Für viele Europäer ist hingegen der erst vor einigen Jahren auf der gleichnamigen Insel angelegte *Yas Links Course (yaslinks.com)* in Abu Dhabi der schönste Platz der VAE.
Abu Dhabi Golf Club (Greenfees 325–795 Dh | Sas al-Nakhl | Tel. 02 5 58 89 90 | www.adgolfclub.com). *Sharjah Golf Club (Greenfee 9 Löcher ab 210 Dh |*

Zu Wasser und zu Land: Tauchen oder Schnorcheln, Segeln oder Kanufahren, Golfen, Reiten und Schlittschuhlaufen

Dhaid Road | 3rd Interchange, Paintball Park | Tel. 06 65 48 77 77 | www.golfandshootingshj.com). In Ras al-Khaimah gibt es den *Tower Links Golf Club (www.towerlinks.com)*. Einige Golfclubs in Dubai, darunter auch der *Dubai Creek Golf & Yacht Club*, lassen sich ebenfalls online buchen: *www.dubaigolf.com*.

KANUTOUREN

Die Mangrovenwälder (s. S. 70) von Khor Kalba südlich von Fujairah an der Ostküste der Vereinigten Arabische Emirate, an der Ostseite von Abu Dhabi-Stadt und um die Insel Sir Bani Yas im Westen des Emirats Abu Dhabi laden zur Erkundung ein. Ein Veranstalter ist z. B. *Desert Rangers (300 Dh/Pers. ab Dubai, 150 Dh/Pers. ab Khor Kalba (mind. 4 Personen) | Tel. 04 3 57 22 33 | www.desertrangers.com)*

REITEN

Der *Abu Dhabi Equestrian Club (Al-Mushrif | zwischen Khalifa Bin Shakbout*

Street (28th Street) und Karama Street | Einfahrt neben dem Mushrif Palace | Abu Dhabi | Tel. 02 4 45 55 00 | www.adec-web.com) bietet Ausritte, Springen und Unterricht.

Anfängerkurse, Gruppen- und Privatstunden, dazu Ausritte in die Wüste und ein besondrres Erlebnis wie das **INSIDER TIPP** Vollmondreiten offeriert der *Mushrif Equestrian Club (Okt.–April tgl. 8–21 Uhr | Desert Ride ab 300 Dh | Al-Khawaneej Road | Mushrif Park | Dubai | Tel. 04 2 57 12 56 | www.mushrifequestrianclub.wordpress.com)* .

Reitbahn, Ausritte und Einzelstunden bietet der *Sharjah Equestrian Club (Al-Dhaid Road | Interchange 6, 17 km von Sharjah-Stadt | Sharjah | Tel. 06 5 31 11 55 | www.serc.ae)*.

SCHLITTSCHUHLAUFEN

In Dubai, Abu Dhabi und Al-Ain finden Sie große Eislaufbahnen *(ice rink)*, zum Teil in den Shoppingmalls.

Dubai Ice Rink (tgl. 10–19.45 Uhr, Start alle 2 Stunden | 105 Min. 60 Dh (inkl. Schlittschuhe) | Sheikh Zayed Road/1st Interchange, Financial Centre Road | Dubai Mall | Dubai | www.dubaiicerink.com) Abu Dhabi Ice Rink (tgl. 9–22 Uhr (Do nur Frauen) | Eintritt 5 Dh, 2 Stunden Schlittschuhlaufen inkl. Schlittschuhe 45 Dh | Zayed Sports City | Airport Road | Abu Dhabi)

Al-Ain Mall Ice Rink (tgl. 10–22 Uhr | 1,5 Std. 30 Dh | Al-Ain Mall | Al-Falaheya Street | Kuwaitat | Al-Ain | www.alainmall.com)

SCHNORCHELN & TAUCHEN

Die Ostküste der VAE am Golf von Oman und das Emirat Fujairah sind optimal, wenn Sie mit Flossen und Taucherbrille die Unterwasserwelt entdecken wollen. Korallen, Riffe und farbenprächtige Fische findet man nur hier, die Westküste ist zu sandig und flach und deswegen ohne attraktive Unterwasserwelt. Abstri-

Sattes Grün, viel Wasser, wenig Sand: Das ist Golfen im Jebel Ali Golf Resort

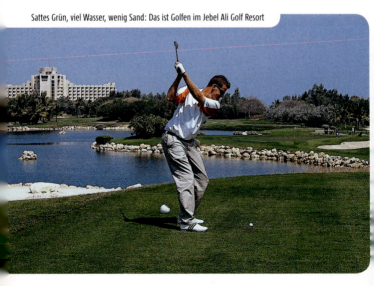

SPORT & WELLNESS

che machen sollte man hinsichtlich der Sauberkeit des Wassers – bedingt durch Bauarbeiten und die erdölverarbeitende Industrie ist das Meer meist nicht so glasklar, wie man es sich wünscht.

Tauchgänge bietet das *Sandy Beach Diving Centre (Sandy Beach Hotel | Al-Aqqa | Fujairah | Tel. 09 2 44 50 50 | www.sandybeachhotel.ae)* auf halber Strecke zwischen Dibba und Khorfakkan an. Tauchtiefen von 3 bis 18 m, Tauchgründe sind aus dem Meer aufragende Felsen, u. a. Snoopy Island 100 m vor dem Hotel oder ein künstliches Riff aus 200 im Meer versenkten Autowracks, 1500 m vom Ufer entfernt. Auch Padi-Basis („Professional Association of Diving Instructors") mit Unterricht.

STRÄNDE

In Dubai-Stadt, Abu-Dhabi-Stadt und Sharjah sind die Strände meist an Hotels gekoppelt, dort gibt es nur wenige öffentliche Strände *(open beach, public beach)*. In Ajman und weiter nördlich sowie an der Ostküste sind die Strände weitgehend frei zugänglich.

WASSERSKI

Die größeren Strandhotels bieten meist Wasserski an. Der *Rak International Marine Sports Club (Khouzam | www.rakimc.com/imc)* hinter dem RAK-Hotel an der Westseite der Lagune Khor Ras al-Khaimah ist preiswert.

WELLNESS

Wellness ist Trend in den VAE. Den Anfang machten die Fünf-Sterne-Hotels in Dubai, die mit fantastischen Spas verwöhnten. Nicht nur die Qualität der angebotenen Behandlungen ist vorzüglich, auch die Umgebung ist märchenhaft gestaltet. Balinesische und thailändische Architekturelemente sowie arabische Gestaltung kommen zusammen. Es lohnt sich für Nicht-Hotelgäste, von außerhalb eine Behandlung zu buchen und sich einen halben Tag Zeit zu nehmen, alle Annehmlichkeiten der Spas wie Pool, Tauchbecken, Sauna und Dampfbad zu genießen.

Unübertroffen ist das Hamam des Hotels *Jumeirah Zabeel Saray (www.jumeirah.com)*, auf The Palm Jumeirah in Dubai, wo Sie in der Atmosphäre eines ottomanischen Palasts unter einer gewaltigen Mosaikkuppel die marokkanische Art des Dampfbads mit Massage und Körperpeeling genießen können. Das *Shangri-La* (s. S. 42) in Abu Dhabi-Stadt verwöhnt Körper und Geist, wenn in zauberhafter Umgebung balinesische und indische Massagetechniken kombiniert werden. Anschließend können Sie auf einer Spaliege am Pool mit Blick auf die Große Moschee das besondere Körpergefühl noch länger genießen.

Neben Hotelspas, die auch Drei- und Vier-Sterne-Hotels anbieten, gibt es zahlreiche Day Spas. Weit verbreitet sind ayurvedische Treatments und südindische Ölmassagen. Hervorragend ist in medizinischer Hinsicht sind die Anwendungen im ayurvedischen Zentrum des *Ajman Kempinski* (s. S. 75) da hier eine qualifizierte Ayurveda-Ärztin aus Sri Lanka Pulsdiagnose durchführt und abgestimmt auf die körperliche Konstitution zu bestimmten Anwendungen rät.

Spa-Adressen finden Sie unter anderem in den Time-Out-Magazinen von Dubai und Abu Dhabi. Schon lange gibt es in Abu Dhabi ein *Floatation Centre (www.pointzerofloatation.com)*, in dem man sich beinahe schwerelos im körperwarmen Wasser entspannen kann, geeignet bei vielen körperlichen und auch Stressbeschwerden.

MIT KINDERN UNTERWEGS

Die Sommermonate sollten Sie nicht gerade für eine Reise mit Kleinkind in die VAE wählen: Dann ist es zu heiß. Ansonsten sind Familien mit Nachwuchs gut aufgehoben. Die einheimischen Araber haben selbst viele Kinder, und auch die asiatischen Gastarbeiter lieben Kinder. Deshalb gilt: Überall in den Vereinigten Arabischen Emiraten werden die Kleinen herzlich willkommen geheißen.

Alle Kinder möchten einmal auf einem Kamel reiten: In den Emiraten haben sie dazu an vielen Orten Gelegenheit, u. a. in den Heritage Villages in Abu Dhabi und Dubai, beim organisierten Ausflug mit den Eltern in die Wüste, häufig auch am Strand. Der Besuch eines arabischen Forts mit seinen Wachtürmen und Zinnen weckt die Phantasie und ist für die Kinder genauso spannend wie ein Bummel durch einen der exotischen Souks. Zahlreiche große Hotels bieten tagsüber Kinderbetreuung oder sogar Kinderclubs ebenso an wie einen eigenen Kinderpool. Ermäßigungen bei der Übernachtung und am Buffet sind selbstverständlich. In den großen Shoppingmalls finden Sie meist einen Spielbereich, in der Dubai Mall sogar ein *Aquarium* (s. S. 55).

Und wenn Sie einmal auf traditionelle Weise mit den Einheimischen speisen wollen: Restaurants (außerhalb der Hotels) verfügen oft über einen separaten *family room*, dafür gedacht, dass Araberinnen ihren Schleier ablegen und gemeinsam mit der Familie essen können – auch Ausländer sind hier mit ihren Kindern gern gesehene Gäste.

Bild: Dubai Aquarium

Für Abwechslung ist ausreichend gesorgt: Kamele und Forts, Strände und Vergnügungsparks, Aquarien in Shoppingmalls

ABU DHABI

INSIDER TIPP AL-AIN ZOO
(135 E–F 1–2) (ﾉ K6)
Der schönste Zoo der Emirate ist allein wegen seiner Gestaltung einen Besuch wert. Für Kinder gibt's im Theater eine Flugschau *(bird show)* mit Falken und weiteren Vögeln, dazu: Vorführungen mit Kleintieren. *Tgl. 9–20 Uhr | Eintritt 20 Dh, Kinder 10 Dh | Zoo R/A, Zayed Al-Awwal Street/Nahyan Al-Awwal Street | www.alainzoo.ae*

CORNICHE PER RAD *(134 B1) (ﾉ G6)*
Die 6 km lange Corniche von Abu Dhabi ist teilweise **INSIDER TIPP ein Park mit ausgewiesenen Fahrradwegen**. An mehreren Stellen lassen sich Fahrräder leihen, z. B. neben dem Hilton Beach Club beim Breakwater und am „Sheraton-Ende" gegenüber dem Hotel Royal Meridien *(20 Dh/Std)*. www.funridesports.com

YAS WATERWORLD *(134 B1) (ﾉ G6)*
Der größte Wasserpark der VAE mit 43 aufwendig designten (Spaß-)Rutschen,

darunter eine mit 238 m Länge. Besonderheit sind die künstlichen Wellen für Surfer. „Learn to flow like a pro" heißt es hier in gleich zwei Bereichen – eine tolle Möglichkeit, surfen zu lernen. *Nov.–Feb. tgl. 10–18, März–Mai, Sept., Okt. 10–19, Juni–Aug. 10–20 (Do 17–22 Uhr nur für Frauen) | Eintritt 240 Dh, Kinder (bis 1,10 m) 195 Dh | Yas Island | Abu Dhabi | www.yaswaterworld.com*

DUBAI

EMIRATES KARTING CENTRE
(130 B5) (*H–J4*)
Eine 880 m lange Gokart-Bahn mit Flutlicht für Kinder ab 8 Jahren, auch Juniorkarts für Kinder bis 11 Jahre. *Tgl. 15–22 Uhr | 20 Min. 100 Dh | Jebel Ali | neben dem Jebel-Ali-Hotel, 40 km südlich von Dubai | Tel. 04 2 82 7111 | www.kartingdubai.com | Metro Jebel Ali*

KIDS CONNECTION (130 C4) (*J4*)
„To bring the outside indoors" ist die Idee für heiße Sommermonate. Hier können (jüngere) Kinder in Baumhäusern klettern, in Burgen aus Holz spielen oder in ein Meer aus Bällen tauchen, während die Väter auf einer Bank lesen und Mama nebenan beim Shopping ist. *Tgl. 10–23 Uhr | Eintritt bis 3 J. 35 Dh/2 Std., ab 3 J. 45 Dh/2 Std. | Wafi City Mall | 1. Stock | Oud Metha Road | ab Sheikh Zayed Road | www.wafi.com | Metro Oud Metha*

KIDZANIA (130 C4) (*J4*)
In der Replika einer Stadt mit Straßen, Gebäuden, Geschäften, Autos etc. schlüpfen 4- bis 15-Jährige in Berufsrollen und „erfahren" so die Erwachsenenwelt. Am Eingang gibt's für Kinder einen Boarding Pass (Eintrittskarte), einen Stadtplan und einen Gutschein für Kidzania-Geld. *So–Do 9–23, Fr/Sa 10–23 Uhr | Eintritt ab 17 J. u. Kleinkinder 2–3 J. 95 Dh, Kinder 4–16 J. 140 Dh | Dubai Mall | Financial Centre Road | ab Sheikh Zayed Road, 1st Interchange | Metro Red Line Dubai Mall*

WILD WADI WATER PARK
(130 C4–5) (*J4*)
Badebekleidung einpacken: Ein Aquapark, der von Wüsten- und Wadi-Landschaft inspiriert ist. 28 Rutschen und Attraktionen (u. a. Wellenpool, Planschlagune für die Kleinsten), umwerfend designt und mit Blick aufs Meer und das gegenüberliegende Hotel Burj Al Arab. *Nov.–Feb. tgl. 10–18, März–Mai u. Sept./Okt. 10–19, Juni–Aug. 10–20 Uhr | Eintritt 275 Dh, Kinder 230 Dh | Jumeirah Road | zwischen Jumeirah Beach Hotel und Burj Al Arab | www.wildwadi.com*

Wasserspaß im Wild Wadi Water Park

MIT KINDERN UNTERWEGS

WONDERLAND THEME PARK
(130 C4) (*J4*)
Der Vergnügungspark für Familien mit über 30 Fahrgeschäften *(Theme Park)* und dem *Splashland Waterpark* gibt sich als Themenpark à la Disney; mit Restaurants, Cafés und Souvenirshops *(Main Street)*. *Tgl. 10–24 Uhr, Splashland 10–20 Uhr (Mi nur Frauen) | Eintritt ab 5 J. 150 Dh, 2–4 J. 75 Dh | Al-Garhoud Road | Bur Dubai | südlich vom Creekside Park bei der Garhoud Bridge | www.wonderlanduae.com*

SHARJAH

DISCOVERY CENTRE (130 C4) (*J3*)
Für Kinder bis ins frühe Jugendalter die richtige Adresse: Auf 4000 m² gibt es viel zu entdecken. Spielerisch werden Kinder in einzelnen Themenbereichen (u. a. Sport, Sinne, Fahren, Bauen, Wasserwelt) zum Experimentieren angehalten. Für Kleinkinder gibt es Spielecken, Schulkinder dürfen nach Herzenslust alles anfassen. Besonders beliebt ist die zum Lernen der Verkehrsregeln aufgebaute Straße, die mit kleinen Autos befahren wird. Hier kommen Touristenkinder auch mit Kindern aus Arabien und Asien zusammen. *Sa–Do 8–20, Fr 16–20 Uhr | Eintritt 10 Dh, Kinder 5 Dh, Familien 15 Dh | Al-Dhaid Road | Interchange 4, gegenüber des Flughafen | 15 km östlich von Sharjah-Stadt | www.sharjahmuseums.ae*

Begegnung mit einem Wüstenbewohner

SHARJAH DESERT PARK
(131 D4) (*K4*)
Der Naturkundepark wendet sich besonders an Kinder und Jugendliche. Neben dem *Natural History Museum*, dem *Botanical Museum* und einem Aquarium zeigt das *Arabia's Wildlife Centre* Ausstellungen und Tiere der Wüste. Größere Wüstentiere in Freigehegen können vom Café aus beobachtet werden, kleinere und nachtaktive Wüstenbewohner sind im klimatisierten Innenbereich zu sehen. Außerdem: die *Children's Farm (Streichelzoo)*. *So/Mo, Mi/Do 9–17.30, Fr 14–17.30, Sa 11–17.30 Uhr | Eintritt 15 Dh, unter 16 J. frei | Al-Dhaid Road | Intersection 9 | 25 km östlich von Sharjah-Stadt*

UMM AL-QAIWAIN

DREAMLAND AQUA PARK
(131 D3) (*K3*)
Ein Wasserpark mit über 30 Rutschen, Wellenbad, Gummiflößen u. v. m. in einem weitläufigen Park (25 ha) am Meer zwischen Palmen. Auch wohnen können Sie hier: Bungalows kosten 235–335 Dh pro Person und Nacht. *So–Do 10–18, Fr/Sa 10–19 Uhr, Fr nur Familien | Eintritt 160 Dh, Kinder 100 Dh | Ras al-Khaimah Road | Umm Al-Qaiwain | Tel. 06 7 68 18 88 | www.dreamlanduae.com*

EVENTS, FESTE & MEHR

Feste und Feiertage richten sich zum großen Teil nach dem islamischen Kalender, der sich am Mondwechsel orientiert. Das islamische Jahr ist rund elf Tage kürzer als unser gregorianisches Jahr. Da die muslimische Zeitrechnung am 15. Juli 622 beginnt, schreibt man 2017 das Jahr 1438 A. H. (Anno Hejra). Der Freitag ist der wöchentliche Ruhetag, das Wochenende schließt den Samstag ein.

WECHSELNDE DATEN

Eid al-Adha heißt das dreitägige Opferfest am Ende der zehntägigen Pilgerperiode *(Hadj)* nach Mekka. Einmal in seinem Leben sollte jeder Moslem, so steht es im Koran, nach Mekka pilgern, sofern er dazu gesundheitlich und finanziell in der Lage ist. Man schlachtet einen Hammel und lädt Verwandte ein (1.–4. Sept. 2017, 21.–24. April 2018, 11.–14. Aug. 2019).
Ramadan ist der heilige Monat der Moslems, eine Zeit des Fastens und Betens. Von Sonnenauf- bis Sonnenuntergang darf nicht gegessen, getrunken, geraucht oder Vergnügungen nachgegangen werden (26. Mai–25. Juni 2017, 15. Mai–14. Juni 2018, 5. Mai–4. Juni 2019). *Eid al-Fitr* ist das dreitägige Fest des Fastenbrechens am Ende des Ramadan mit Festmahlen – auch in Hotels – und dem Austausch von Geschenken; man kleidet sich festlich, in den Städten gibt es Feuerwerk, Jahrmärkte und Folklore (26.–28. Juni 2017, 15.–17. Juni 2018, 5.–7. Juni 2019).

FESTE & VERANSTALTUNGEN

JANUAR/FEBRUAR
Das ● *Dubai Shopping Festival* lockt von Anfang Januar bis Anfang Februar mit Rabatten und Veranstaltungen. *www.mydsf.ae*
Mitte Januar startet in Dubai der *Marathon*. *www.dubaimarathon.org*
Die Golferelite tritt vier Tage Mitte Januar zur *Abu Dhabi Golf Championship* auf dem 27-Loch-Platz des Abu Dhabi Golf Clubs an. *www.abudhabigolfchampionship.com*
Beim 2010 ins Leben gerufenen *Sharjah Light Festival* werden Mitte Februar neun Tage lang zwölf markante Gebäude (Moschee, Plätze, Souk, Museum) zum Mittelpunkt phantastischer Farbinszenierungen. Internationale Lichtkünstler schaffen Kunstwerke aus Licht und Dunkelheit, Farbe und Mustern. *www.sharjahmydestination.ae*

MÄRZ

Beim **Dubai World Cup** trifft sich die arabische High Society zum höchstdotierten Pferderennen der Welt *(eine Woche Ende März)*. www.dubaiworldcup.com

Seit 1993 richtet die Sharjah Art Foundation von Anfang März bis Anfang Juni die **Sharjah Biennale** für zeitgenössische Kunst in der Sharjah Arts Area aus. *www.sharjahart.org*

SEPTEMBER

Bei der viertägigen **International Hunting and Equestrian Exhibition** (der Internationalen Jagd- und Pferdemesse) von Abu Dhabi stehen Mitte September Falken, Pferde und Gewehre im Mittelpunkt. *www.adihex.com*

In der Wintersaison *(Okt.–April)* finden auf den Rennbahnen der VAE am Wochenende **Kamelrennen** statt *(Fr und Sa ab 7 Uhr morgens)*.

DEZEMBER

Folkloreveranstaltungen, Bootsrennen und Feuerwerk in allen Emiraten am 2. Dez. zum **National Day**, dem Tag der Gründung der Vereinigten Arabischen Emirate 1971.

Vier Tage Mitte des Monats wird das ausgelassene **Sharjah Water Festival** rund um die Khalid-Lagune mit Heißluftballons, Feuerwerk, Wasserski-Darbietungen und Shows gefeiert. Gleichzeitig findet die internationale **Formel-1 Powerboat World Championship** statt. *www.sharjahmydestination.ae*

FEIERTAGE

21. Sept. 2017, 11. Sept. 2018, 1. Sept. 2019	*Hejra* (Neujahr)
1. Dez. 2017, 21. Nov. 2018, 10. Nov. 2019	*Maulid al-Nabi* (Geburtstag des Propheten Mohammed)
24. April 2017, 13. April 2018, 3. April 2019	*Lailat al-Miraj* (Himmelfahrt des Propheten Mohammed)
6. Aug.	*Accession Day* (Tag des Dienstantritts von Präsident Sheikh Zayed)
2. Dez.	*National Day* (Tag des Zusammenschlusses der sieben Emirate zu den Vereinigten Arabischen Emiraten 1971)
25. Dez.	Weihnachten

LINKS, BLOGS, APPS & CO.

www.marcopolo.de/arabischeemirate Alles auf einen Blick: Interaktive Karten, Impressionen aus der Community, aktuelle News und Angebote …

www.uaeinteract.com Offizielle Website der VAE mit aktuellen – auch touristischen – Nachrichten

www.yasisland.ae Die sich schnell entwickelnde Insel von Abu Dhabi macht mit ständig neuen Highlights von sich reden

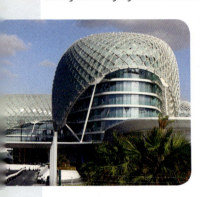

www.ead.ae Die Website der Umweltbehörde von Abu Dhabi dokumentiert die Bemühungen um Naturschutzgebiete und Schutzzonen im Arabischen Golf

www.hallodubai.com Deutschsprachige Seite mit Nachrichten, Info, Neuigkeiten; mit Blog und Forum

www.abudhabi.alloexpat.com Im Forum der ausländischen Residenten von Abu Dhabi gibt es nicht nur Hinweise zu Besichtigungen und Freizeit

www.abudhabiwoman.com Expatriate-Hausfrauen berichten über Erlebnisse und Probleme ihres Daseins

www.expatforum.com führt unter „Middle East" zum Leben in Dubai: Wohnen, Arbeiten, Bezahlung, Arbeitsmöglichkeiten, Krankenversicherung u. v. m. bis hin zur Kindererziehung

www.expatwoman.com führt zu Foren in Dubai und Abu Dhabi, in denen alles diskutiert wird: von Alkohollizenz bis Zulassung für das Auto

www.secretdubai.blogspot.de „Geheimnisse", Amüsantes, Zynisches, Intrigen und schräge Neuigkeiten sind in diesen Blogs zu finden

www.couchsurfing.org Verzeichnet unter „United Arab Emirates" über 400 Einheimische und *expatriates*, Män-

Egal, ob für Ihre Reisevorbereitung oder vor Ort: Diese Adressen bereichern Ihren Urlaub. Da manche sehr lang sind, führt Sie der short.travel-Code direkt auf die beschriebenen Websites. Falls bei der Eingabe der Codes eine Fehlermeldung erscheint, könnte das an Ihren Einstellungen zum anonymen Surfen liegen

ner, Frauen und Familien, die Besuchern eine Couch und teilweise auch Gesellschaft bieten

www.meetup.com führt unter „Abu Dhabi" und „Dubai" zu Gruppen mit Interessen und Aktivitäten zwischen Reiki und Volleyball. Im Untermenü *socialnetwork.meetup.com* werben Gruppen um Teilnehmer, die sich zum Beispiel für Ausflüge oder Unterhaltung und Freizeit interessieren

VIDEOS

www.dubai-videos.com Zeigt zahlreiche Videos über Sehenswürdigkeiten, Hotels und die Architektur von Dubai

www.uaeinteract.com/english/video Kurzfilme zu Kultur und Geschichte der VAE

www.visitabudhabi.ae/en zeigt in den Media Galleries Kurzfilme zum Leben in Abu Dhabi

short.travel/vae1 Verschiedene Videos aus den VAE: Fahrt auf Dubais Creek, Stadtarchitektur, Wüste, Berge und Meer und vieles mehr

short.travel/vae2 Die Webcam schaut auf die Formel-1-Rennstrecke Yas Marina Circuit. Wer den Suchbegriff „Dubai" eingibt, sieht Burj Al Arab, Jumeirah Beach und Burj Khalifa

APPS

Dubai City Travel Guide Der Stadtführer bietet Stadtpläne, Ausflugsziele und Co. auch fürs iPhone

Vereinigte Arabische Emirate (VAE) Karte - World Offline Maps Auch offline nutzbare Karten für iPhone und iPad

Dubai Department of Tourism Die Tourismusbehörde hält unter *www.visitdubai.com* einen kostenlosen interaktiven Stadtplan mit Suchfunktion und Druckfunktion bereit

RTA Dubai App Die App des Dubai Governments liefert u. a. Infos über Fahrpläne und Stationen von Metro, Bus und Waterbus; auch Taxibuchungsservice

PRAKTISCHE HINWEISE

ANREISE

MDubai erreicht man von Deutschland mit mehr als 70 wöchentlichen Direktflügen. *Emirates (www.emirates.com)* fliegt täglich ab Frankfurt, München, Düsseldorf und Hamburg, *Lufthansa (www.lufthansa.de)* täglich ab Frankfurt und München, *Air Berlin (www.airberlin.com)* von Berlin. Abu Dhabis Fluglinie *Etihad Airways (www.etihadairways.com)* fliegt täglich von Frankfurt, Düsseldorf und München nach Abu Dhabi mit kostenlosem Weitertransport nach Dubai. Auch Lufthansa und Air Berlin fliegen nach Abu Dhabi.

Swiss (www.swiss.com) und *Austrian Airlines (www.aua.com)* fliegen von Zürich und Wien nach Dubai, Emirates ebenso.

Preiswert verkehren ab Frankfurt *Gulf Air (www.gulfair.com)* über Bahrain und *Qatar Airways (www.qatarairways.com)* über Doha nach Dubai und Ras al-Kaimah: Auf dem Flug bietet sich ein Stopover in Bahrain oder Doha an. *Sun Express (www.sunexpress.com)* bietet Ferienflüge der FTI-Touristik von sieben deutschen Städten nach Ras al-Khaimah. Flugdauer zum Arabischen Golf: rund 6 Stunden, Flugpreise ab 400 Euro (hin und zurück).

Billigflüge zwischen den Golfstaaten: Fly Dubai *(www.flydubai.com)*, Air Arabia *(www.airarabia.com)*, Jazeera Airways *(www.jazeeraairways.com)* und Bahrain Air *(www.bahrainair.net)*.

AUSKUNFT

ABU DHABI TOURISM AUTHORITY
Goethestr. 27 | 60313 Frankfurt/Main | Tel. 069 2 99 25 39 20 | www.tcaabudhabi.ae | www.abudhabitourism.ae | www.exploreabudhabi.ae

DUBAI DEPARTMENT OF TOURISM
– Deutschland (Bockenheimer Landstr. 23 | 60325 Frankfurt/Main | Tel. 069 7 10 00 20 | www.dubaitourism.ae). Zuständig auch für Österreich und die Schweiz

FUJAIRAH TOURISM BUREAU
Trade Centre | Hamad Bin Abdullah Road | Fujairah | Tel. +9719 2 23 15 54 | www.fujairahtourism.ae

RAS AL-KHAIMAH TOURISM OFFICE
P. O. Box 31291 | Al-Jazirat Al-Hamra | Ras al-Khaimah | Tel. +9717 2 44 5125 | www.rasalkaimahtourism.com

GRÜN & FAIR REISEN

Auf Reisen können auch Sie viel bewirken. Behalten Sie nicht nur die CO_2-Bilanz für Hin- und Rückreise im Hinterkopf *(www.atmosfair.de; de.myclimate.org)* – etwa indem Sie Ihre Route umweltgerecht planen *(www.routerank.com)* – , sondern achten Sie auch Natur und Kultur im Reiseland *(www.gate-tourismus.de; www.ecotrans.de)*. Gerade als Tourist ist es wichtig, auf Aspekte wie Naturschutz *(www.nabu.de; www.wwf.de)*, regionale Produkte, wenig Autofahren, Wassersparen und vieles mehr zu achten. Wenn Sie mehr über ökologischen Tourismus erfahren wollen: europaweit *www.oete.de*; weltweit *www.germanwatch.org*

Von Anreise bis Zoll

Urlaub von Anfang bis Ende: die wichtigsten Adressen und Informationen für Ihre Reise in die Vereinigten Arabischen Emirate

SHARJAH TOURISM AUTHORITY

Das Emirat Sharjah unterhält zurzeit (Stand Ende 2016) kein Büro in Europa. *sharjahmydestination.ae*
Über aktuelle Veranstaltungen informieren: „TimeOut Dubai" *(wöchentlich, 7 Dh, www.timeoutdubai.com)*; „TimeOut Abu Dhabi" *(wöchentlich, 7 Dh)* sowie für beide Städte die Informationsbroschüre „What's On" *(monatl., 10 Dh)*

AUTO

Die Emirate sind durch Autobahnen miteinander verbunden, Schilder sind zweisprachig. Höchstgeschwindigkeit in der Stadt 50 km/h und 120 km/h außerhalb. Statt Kreuzungen gibt es oft Verkehrskreisel *(roundabout, Abkürzung: R/A)*; hier gilt: Wer im Kreis ist, hat Vorfahrt. Immer häufiger regeln Überführungen *(flyover)* die Geradeausfahrt.

BADEN

Besuchen Sie besser die Beach Clubs, da öffentliche Strände *(open beach)* ohne Infrastruktur sind und man zudem mit gaffenden *expatriates* aus Asien rechnen muss. An einigen Stränden der VAE beeinträchtigen Unterströmungen das Baden und Schwimmen. Eine Aufsicht findet man nur an den Privatstränden der Hotels und in den kostenpflichtigen Beach Parks.
Zum Beispiel in Dubai ein großer Strand an der Grenze zu Sharjah: *Al-Mamzar Beach Park (tgl. 8–22 Uhr | Mi nur Frauen u. Kinder | Eintritt 5 Dh, Pool 10 Dh | Al-Mamzar Creek)*. Und in Abu Dhabi: *Corniche Beach (tgl. 7–23 Uhr | Eintritt 10 Dh | West Corniche Road)*.

BANKEN & GELD

Man wechselt ohne Auflagen und Einschränkungen bei Geldwechslern *(money exchange)*, was im Allgemeinen recht günstig ist. In Banken und im Hotel zu tauschen ist dagegen weniger vorteilhaft. Kreditkarten sind weit verbreitet. An Geldautomaten *(ATM, Cash Point)*, erhält man mit EC- oder Kreditkarten Dirham zum Tageskurs (plus Bankgebühren), es gibt sie an jeder Ecke.

DIPLOMATISCHE VERTRETUNGEN

DEUTSCHE BOTSCHAFT
Abu Dhabi Mall, Towers at the Trade Centre | West Tower, 14th Floor | Abu Dhabi | Tel. 02 5 96 77 00 | www.abu-dhabi.diplo.de

DEUTSCHES GENERALKONSULAT
Street 14A | Jumeirah 1 | Dubai | Tel. 04 3 49 88 88 | www.dubai.diplo.de

ÖSTERREICHISCHE BOTSCHAFT
Sky Tower, Office No. 504 | Al Reem Island | Abu Dhabi | Tel. 02 6 94 49 99 | www.bmeia.gv.at/botschaft/abu-dhabi

SCHWEIZER BOTSCHAFT
Centro Capital Center Building | 17th Floor | Kaleej Al Arabi Street | Abu Dhabi | Tel. 02 6 27 46 36 | www.eda.admin.ch/abudhabi

EINREISE & WEITERREISE

Bei Ankunft auf einem Flughafen der VAE erhält man kostenlos ein „Visa on Arrival" (30 Tage gültig) in Form des Einreisestempels; der Reisepass muss noch sechs Monate gültig sein.

Mit einem Visum der VAE oder von Oman kann man an den (Land-)Grenzübergängen ein Visum des jeweils anderen Landes erhalten. Bei der Fahrt von Al-Ain (Abu Dhabi) nach Muscat (Oman) ist eine *VAE-vehicle fee* (35 Dh) fällig, dazu ein Oman-Visum (5 OR für 10 Tage, 20 OR für 1 Monat). Bei einer Tour von Ras al-Khaimah (VAE) nach Khasab (Oman): 5 OR (50 Dh) Visumgebühr, bei der Rückkehr 2 OR (20 Dh) omanische *vehicle fee*. Vom Emirat Dubai über Hatta nach Oman und umgekehrt: 2 OR *vehicle fee*. Bei einer Fahrt über die Grenze VAE–Oman ist eine PKW-Versicherungsgebühr (ca. 10 OR/100 Dh pro Tag) fällig, dies ist beim Automieten zu berücksichtigen. Wer von Ras al-Khaimah bei Tibat (Richtung Khasab) nach Oman einreist, muss auf demselben Weg zurückkehren.

FOTOGRAFIEREN

Einzelne Personen fotografiert man nur, wenn diese es erlaubt haben. Moslemische Frauen dürfen aus religiösen Gründen nicht fotografiert werden, es sei denn, sie gestatten es ausdrücklich. Militärische Einrichtungen, Polizeieinrichtungen, Hafenanlagen und Flugplätze sind für Fotografen tabu. Bei den Palästen der Herrscher sollte man vorher die Wache fragen.

GESUNDHEIT

Impfungen sind nicht vorgeschrieben, gegen Tetanus und Polio jedoch anzuraten, ebenso ein Hepatitis-A-Schutz. Wer außerhalb internationaler Hotels essen geht, sollte etwas zurückhaltender sein. Die Hygiene ist zwar einwandfrei, aber ein Mittel für Darmprobleme sollte man wegen der teilweise ungewohnten Speisen mitnehmen. Die medizinische Versorgung in den Vereinigten Arabischen Emiraten ist hervorragend. Die Ärzte sind gewöhnlich Ausländer und sprechen Englisch. In den 40 staatlichen Krankenhäusern und Ambulanzen ist die Notfallversorgung kostenlos.

HOTELS

Das größte Angebot hat Dubai mit mehr als 400 Hotels, doch auch Abu Dhabi und Sharjah sind gut ausgestattet. In den übrigen Emiraten findet man weniger Hotels. Zu den angegebenen Preisen kommen 10–15 Prozent Service und 10 Prozent (Dubai) bis 15 Prozent Steuern hinzu sowie 7–20 Dh (je nach Hotelkategorie) „Tourism Dirham Fee" pro Person und Zimmer. Hotelbuchungen sind sehr viel günstiger, wenn man sie übers Reisebüro oder im Internet vornimmt. Von Mai bis September sinken die Hotelpreise, im Juli/August auf die Hälfte. Auf der Website von Dubai Tourism *(www.dubaitourism.ae)* lassen sich Zimmer in rund 200 Hotels buchen.

WAS KOSTET WIE VIEL?

Taxi	0,65–0,95 Euro *pro km inkl. Grundpreis*
Mokka	3 Euro *pro Tasse*
Liegestuhl	6–7 Euro *pro Tag für zwei*
Wein	ab 15 Euro *für eine Flasche im Restaurant*
Benzin	ca. 0,30 Euro *für 1 l Super*
Kebab	3,50–4,50 Euro *für einen Fleischspieß in Fladenbrot*

PRAKTISCHE HINWEISE

INTERNETZUGANG & WLAN

Nahezu alle Hotels der Vereinigten Arabischen Emirate bieten ihren Gästen einen Internetplatz, oft kostenlos. WLAN (in den Emiraten WiFi) wird zunehmend auch von Restaurants angeboten. Hotspots findet man auch unter *www.hotspot-locations.com*.

JUGENDHERBERGEN

In den VAE gibt es gut ausgestattete Jugendherbergen in Dubai, Sharjah, Fujairah und Khorfakkan, z. T. auch mit Doppelzimmern. Die Jugendherberge in Dubai z. B. ist sehr komfortabel, auch für Familien geeignet, mit Cafeteria, Tennis, Pool und Bushaltestelle (Nr. 34) vor der Tür. Der internationale Jugendherbergsausweis ist nicht erforderlich. Auskunft: *U.A.E. Youth Hostels Association (P. O. Box 94141 | 39 Al-Qusais Road | Dubai | Tel. 04 2 98 81 61 | www.uaeyha.org). Geöffnet: Dubai 24 Std., sonst: einchecken 9–13 u. 17–20 Uhr, nach 24 Uhr geschl.*

KLEIDUNG

Bei dem auch im Winter sehr warmen Klima reicht Sommerbekleidung. Für die mit Klimaanlagen gekühlten Hotels, Restaurants und Shoppingmalls sowie gelegentliche kühle Winternächte benötigt man einen Pullover. Die Kleidersitten des Orients verbieten nackte Schultern und bei Frauen alles, was eng, kurz oder durchsichtig ist.

KLIMA & REISEZEIT

An den Küsten ist es im Sommer heiß und schwül (40–45 Grad), im Binnenland trocken. Für Europäer ist dann ein Aufenthalt nahezu unmöglich. Selbst die einheimische Bevölkerung bleibt im Juli und August tagsüber im klimatisierten Haus oder fährt ins Ausland. Hauptreisezeit sind daher die Wintermonate (Okt.–April) mit mildem Klima und sonnigen Tagen, mit Tageshöchsttemperaturen von 25 bis 35 Grad, nachts 17–20 Grad.

MIETWAGEN

In den VAE reicht (für Deutsche, Österreicher und Schweizer) ein nationaler

WÄHRUNGSRECHNER

€	AED	AED	€
1	4,17	1	0,24
3	12,50	5	1,20
5	20,90	20	4,80
20	83,50	30	7,20
60	250,40	70	16,80
75	313,00	150	35,90
90	375,60	400	95,80
150	626,00	750	180,60
250	1043,30	900	215,50

Führerschein. Tagespreise ab 25 Euro, Geländewagen ab 70 Euro. Meist ist es preiswerter, von zu Hause aus zu buchen. Für Ausflüge nach Oman benötigt man einen internationalen Führerschein.

NOTRUF

Polizei (Tel. 9 99), Feuerwehr (Tel. 9 97), Ambulanz, Notarzt (Tel. 9 98)

ÖFFENTLICHE VERKEHRSMITTEL

In Abu Dhabi, Al-Ain und Sharjah gibt es Stadtbusse; da ihr Fahrziel — wenn überhaupt — meist in arabischer Schrift angegeben ist, werden sie fast nur von asiatischen Gastarbeitern benutzt. In den anderen Emiraten gibt es nur wenige Busse. Locals nehmen ihr Auto, Touristen meist Taxis. In Abu Dhabi am Flughafen lässt sich gut ein Auto mieten, da man sich dort relativ problemlos orientieren kann und die Wege im Emirat (z. B. nach Süden und zu den Liwa-Oasen) weit sind. Nur in Dubai erreichen Touristen die meisten Sehenswürdigkeiten bequem mit der Metro, die in großen Teilen als Hochbahn fährt und beste Ausblicke auf die Stadt bietet, oder mit einer der zahlreichen Stadtbuslinien, deren Ziele oft auch in englischer Sprache angegeben sind *(Daypass Metro, Bus, Waterbus 16 Dh)*. Ende 2014 wurde die 11 km lange Straßenbahnlinie *Dubai Tram (www.dubaitram.rta.ae)* von Jumeirah Beach Residence um die Dubai Marina nach Al-Sufouh eröffnet.

Linienbusse *(Emirates Express)* verkehren zwischen Dubai und Abu Dhabi, Al-Ain, Hatta, Fujairah. *Tgl. 6–22 Uhr | Fahrpreise 15–25 Dh*

Die am stärksten frequentierte Buslinie vebindet in ca. 90 Minuten Dubai und Abu Dhabi. Die Busse verkehren zwischen der Al-Ghubaiba Bus Station im Stadtteil Bur Dubai und der Central Bus Station (Main Bus Terminal Abu Dhabi) in der Sheikh Rashid Bin Zayed Street (4th Street) in Abu Dhabis Stadtteil Al-Whada. Bei starker Nachfrage verkehrt der sonst stündlich fahrende Bus alle 15 Minuten.

POST

Postämter findet man in allen größeren Orten und Stadtteilen. Eine Postkarte nach Europa kostet 3,5 Dh.

WETTER IN DUBAI

	Jan.	Feb.	März	April	Mai	Juni	Juli	Aug.	Sept.	Okt.	Nov.	Dez.
Tagestemperaturen in °C	20	21	24	28	33	35	37	38	36	32	27	22
Nachttemperaturen in °C	14	15	17	21	26	28	29	30	27	24	21	16
Sonnenschein Stunden/Tag	8	8	8	10	12	12	10	10	10	10	9	8
Niederschlag Tage/Monat	1	2	1	2	0	0	0	0	0	0	1	1
Wassertemperaturen in °C	19	18	23	27	27	27	29	32	27	27	25	24

PRAKTISCHE HINWEISE

PREISE & WÄHRUNG

Die Währung der VAE ist der Dirham (Dh, AED), unterteilt in 100 Fils. Die VAE sind kein preiswertes Reiseland, Hotels in Dubai und Abu Dhabi sind besonders teuer. Dennoch gibt es erhebliche Unterschiede im Preisniveau, je nachdem, ob man im Hotelrestaurant oder beim Inder um die Ecke isst. Im ersten Fall kostet es mehr als zu Hause, im zweiten deutlich weniger.

SCHREIBWEISEN

Die Transkription arabischer Begriffe in lateinische Buchstaben erfolgt nach Gehör. MARCO POLO verwendet die von den Einheimischen angegebene englischsprachige Umschreibung, wie sie sich (meist) auf den Hinweisschildern findet.

TAXI

In Dubai kostet ein Taxi 5 Dh Grundpreis (25 Dh ab Flughafen und nach Sharjah) und 1,7 Dh/km, nachts und feiertags etwas mehr. In Abu Dhabi und Sharjah haben Taxis ebenfalls Taxameter, die Preise sind noch geringer. In Dubai gibt es Frauentaxis, zu erkennen an ihrem rosa Dach und der rosa Innenausstattung (und natürlich einer Fahrerin). Eine Fahrt von Dubai nach Abu Dhabi oder Fujairah kostet ca. 250 Dh, hin und zurück 450 Dh. In den übrigen Emiraten muss der Fahrpreis ausgehandelt werden.

TELEFON & HANDY

Vorwahl der VAE: *00971* plus die Vorwahl des jeweiligen Emirats (z. B. 4 für Dubai), von den VAE nach Deutschland *0049*, nach Österreich *0043*, in die Schweiz *0041*. Telefonieren ist einfach und preiswert mit Telefonkarten (30, 50, 100 Dh) aus Telefonkabinen.

Das Handy heißt in den VAE meist GSM oder *cell phone.* Netzbetreiber ist die Telefongesellschaft *Etisalat (Tel. 101 | www.etisalat.co.ae).* Besucher können eine lokale mobile Rufnummer *(visitor mobile line)* von Etisalat in Duty-free-Geschäften, im Flughafen und in Etisalat-Filialen kaufen: Kosten 80 Dh mit 20 Dh Startguthaben, Gültigkeit 90 Tage. In Etisalat-Geschäften und in Supermärkten erhält man eine lokale Prepaid-Simkarte für 75 Dh mit 25 Dh Gesprächsguthaben; beim Kauf ist der Reisepass erforderlich.

TRINKGELD

In Restaurants werden 10 Prozent Trinkgeld nur erwartet, wenn der *service charge* nicht schon im Rechnungsbetrag enthalten ist; das ist jedoch nur selten der Fall. Gepäckträger erhalten 4 Dh pro Stück, im Taxi rundet man etwas auf. Zimmermädchen bekommen 5 Dh/Tag.

WÜSTENTOUREN

Die Autobahnen durch Sand-, Geröll- und Sumpfwüsten sollte man nicht verlassen. Buchen Sie besser eine Tour bei einem einheimischen Reiseveranstalter.

ZEIT

MEZ plus 3 Stunden, während der Sommerzeit plus 2 Stunden.

ZOLL

200 Zigaretten (Abu Dhabi 400) oder 100 Zigarillos oder 50 Zigarren oder 250 g Tabak und 2 l Spirituosen und 2 l Wein darf man mitbringen. Nach Sharjah ist die Einfuhr von Alkohol verboten. Bei Rückkehr in die EU: 200 Zigaretten, 1 l Spirituosen, andere Waren bis 430 Euro. *www.zoll.de*

SPRACHFÜHRER ENGLISCH

AUSSPRACHE

Zur Erleichterung der Aussprache sind alle englischen Wörter mit einer einfachen Aussprache (in eckigen Klammern) versehen. Folgende Zeichen sind Sonderzeichen:

- θ hartes [s] (gesprochen mit Zungenspitze an der oberen Zahnreihe, zischend)
- D weiches [s] (gesprochen mit Zungenspitze an der oberen Zahnreihe, summend)
- ' nachfolgende Silbe wird betont
- ə angedeutetes [e] (wie in „Bitte")

AUF EINEN BLICK

ja/nein/vielleicht	yes [jäs]/no [nəu]/maybe [mäibi]
bitte/danke	please [plihs]/thank you [θänkju]
Entschuldigung!	Sorry! [sori]
Entschuldigen Sie!	Excuse me! [lks'kjuhs mi]
Wie bitte?	Pardon? ['pahdn?]
Ich möchte …/Haben Sie …?	I would like to … [ai wudd 'laik tə/ Have you got …? ['Həw ju got?]
Wie viel kostet …?	How much is …? ['hau matsch is?]
gut/schlecht	good [gud]/bad [bäd]
kaputt/funktioniert nicht	broken ['brəukən]/doesn't work ['dasənd wörk]
Rechnung/Quittung	invoice [,inwois]/receipt [ri'ssiht]
alles/nichts	everything ['evriθing]/nothing [naθing]
Hilfe!/Achtung!/Vorsicht!	Help! [hälp]/Attention! [ə'tänschən] Caution! ['koschən]
Krankenwagen	ambulance ['ämbjulänts]
Polizei/Feuerwehr	police [po'lihs]/fire brigade [faiə brigäid]
Verbot/verboten	ban [bän]/forbidden [fohr'biddän]
Gefahr/gefährlich	danger [deinschər]/dangerous ['deinschərəss]
Darf ich Sie/hier fotografieren?	May I take a picture of you? [mäi ai täik ə 'piktscha of ju?]/May I take pictures here? [mäi ai täik 'piktschas hihr?]
Gute(n) Morgen!/Tag!/Abend!/Nacht!	Good morning! [gud 'mohning]/afternoon! [aftə'nuhn]/evening! [,ihwning]/night! [nait]
Hallo!/Auf Wiedersehen!	Hello! [hə'ləu]/Goodbye! [gud'bai]
Tschüss!	Bye! [bai!]

Do you speak English?

„Sprichst du Englisch?" Dieser Sprachführer hilft Ihnen, die wichtigsten Wörter und Sätze auf Englisch zu sagen

Ich heiße ...	My name is ... [mai näim is]
Wie heißen Sie?	What's your name? [wots jur näim?]
Wie heißt du?	What's your name? [wots jur näim?]
Ich komme aus ...	I'm from ... [aim from ...]
heute/morgen/gestern	today [tə'däi]/tomorrow [tə'moreu]/yesterday ['jästədäi]
Stunde/Minute	hour ['auər]/minutes ['minəts]
Tag/Nacht/Woche	day [däi]/night [nait]/week [wihk]
Monat/Jahr	month [manθ]/year [jiər]
Ich habe ein Zimmer reserviert.	I have booked a room. [ai häw buckt ə ruhm]
nach vorne/zum Meer	forward [fohwəd]/to the sea [tu Də sih]
Schlüssel/Zimmerkarte	key [ki]/room card ['ruhm kahd]
Gepäck/Koffer/Tasche	luggage ['laggətsch]/ suitcase ['sjutkäis]/bag [bäg]
Wie viel Uhr ist es?	What time is it? [wət 'taim is it?]
Es ist drei Uhr.	It's three o'clock. [its θrih əklok]

ARABISCH

Ja./Nein.	na'am/la oder: kalla	نعم/لا، كلا
Bitte./Danke.	min fadlak/schukran	من فضلك/شكرا
Entschuldigung!	'afwan	عفوا
Guten Tag!/Guten Abend!	sabba l-chair/masa l-chair	صباح الخير/مساء الخير
Auf Wiedersehen!	ma'a s-salama	مع السلامة
Ich heiße ...	ismi ...	اسمي
Ich komme aus ...	ana min ...	انا من
... Deutschland.	... almania	المانيا
... Österreich./Schweiz.	... al nimsa/swizera	النمسا/سويسرا
Ich verstehe Sie nicht.	ana la afhamuka [ki]	انا لا افهمك
Wie viel kostet es?	kam jukallif dhalika	كم يكلّف ذلك
Bitte, wo ist...?	'afwan aina ...	عفوا اين

1 wahid (واحد)١	5 chamsa (خمسة)٥	9 tis'a (تسعة)٩
2 itnan (اثنان)٢	6 sitta (ستّة)٦	10 'aschra (عشرة)١٠
3 talata (ثلاثة)٣	7 sab'a (سبعة)٧	20 'ischrun (عشرون)٢٠
4 arba'a (اربعة)٤	8 tamanija (ثمانية)٨	100 mia (مئة)١٠٠

UNTERWEGS

offen/geschlossen	open ['oupän]/closed ['klousd]
Abfahrt/Abflug/Ankunft	departure [dih'pahtschə]/departure [dih'pahtschə]/arrival [ə'raiwəl]
Toiletten/Damen/Herren	toilets ['toilət] (auch: restrooms [restruhms])/ladies ['läidihs]/gentlemen ['dschäntlmən]
(kein) Trinkwasser	(no) drinking water [(nou) 'drinkin 'wotər]
Wo ist ...?/Wo sind ...?	Where is ...? ['weə is?]/Where are ...? ['weə ahr?]
links/rechts	left [läft]/right [rait]
geradeaus/zurück	straight ahead [streit ə'hät]/back [bäk]
nah/weit	near [niə]/far [fahr]
Bus/Straßenbahn	bus [bas]/tram [träm]
U-Bahn/Taxi	underground ['andəgraunt]/taxi ['tägsi]
Haltestelle/Taxistand	stop [stap]/taxi stand ['tägsi ständ]
Fahrplan/Fahrschein	schedule ['skädjuhl]/ticket ['tikət]
ein Auto/Tankstelle	a car [ə kahr]/petrol station [pätrol stäischən]

ESSEN & TRINKEN

Reservieren Sie uns bitte für heute Abend einen Tisch für vier Personen.	Could you please book a table for tonight for four? [kudd juh 'plihs buck ə 'täibəl for tunait for fohr?]
auf der Terrasse	outside [aut'said]/on the terrace [on Də 'täräs]
am Fenster	at the window [ät Də 'windəu]
Die Speisekarte, bitte.	The menue, please. [Də 'mänjuh plihs]
mit/ohne Eis/Kohlesäure	with [wiD]/without ice [wiD'aut ais]/gas [gäs]
Vegetarier(in)/Allergie	vegetarian [wätschə'täriən]/allergy ['ällədschi]
Ich möchte zahlen, bitte.	May I have the bill, please? [mäi ai häw De bill plihs?]

BANKEN & GELD

Bank/Geldautomat	bank [bänk]/ATM [äi ti äm] (auch: cash machine ['käschməschin])
Ich möchte ... Euro wechseln.	I'd like to change ... Euro. [aid laik tu tschäindsch ... iuhro]
bar/ec-Karte/Kreditkarte	cash [käsch]/ATM card [äi ti äm kahrd]/credit card [krädit kahrd]
Wechselgeld	change [tschäindsch]

GESUNDHEIT

Arzt/Zahnarzt/Kinderarzt	doctor ['doktər]/dentist ['däntist]/pediatrician [pidiə'trischən]
Krankenhaus	hospital ['hospitəl]
Fieber/Schmerzen	fever ['fihwər]/pain [päin]
Durchfall/Übelkeit	diarrhoea [daiə'riə]/nausea ['nohsiə]

SPRACHFÜHRER

Sonnenbrand	sunburn ['sanböhrn]
entzündet/verletzt	inflamed [in'fläimd]/injured ['indschəd]
Apotheke/Drogerie	pharmacy ['farməssi]/chemist ['kemist]
Schmerzmittel/Tablette	pain reliever [päin re'lihwər]/tablet ['täblət]

TELEKOMMUNIKATION & MEDIEN

Briefmarke/Brief	stamp [stämp]/letter ['lättər]
Postkarte	postcard ['pəustkahd]
Telefonkarte	phone card ['founkahd]
fürs Festnetz	for the fixed line network [fohr Də fikst lain 'nättwörk]
Ich suche eine Prepaidkarte für mein Handy.	I'm looking for a prepaid card for my mobile. [aim 'lucking fohr ə 'pripäid kahd for mai 'mobail]
Internetzugang	internet access ['internet 'äkzäss]
wählen/Verbindung/besetzt	dial ['daiəl]/connection [kə'nnäktschən]/busy [bisi]
Batterie/Akku	battery ['bättəri]/rechargeable battery [ri'tschahdschəbəl 'bättəri]
Internetanschluss/WLAN	internet connection ['internet kə'näktschən]/Wifi [waifai] (auch: Wireless LAN ['waərläss lan])
E-Mail/Datei/ausdrucken	email ['imäil]/file [fail]/ print [print]

FREIZEIT, SPORT & STRAND

Strand/Strandbad	beach [bihtsch]/lido ['lidəu]
Sonnenschirm/Liegestuhl	umbrella [am'bräla]/deckchair ['däcktschäər]
Ebbe/Flut/Strömung	low tide [lou taid]/flood [flad]/flow [flou]

ZAHLEN

0	zero ['sirou]		15	fifteen [fif'tihn]
1	one [wan]		16	sixteen [siks'tihn]
2	two [tuh]		17	seventeen ['säwəntihn]
3	three [θri]		18	eighteen [äi'tihn]
4	four [fohr]		19	nineteen [nain'tihn]
5	five [faiw]		70	seventy ['säwənti]
6	six [siks]		80	eighty ['äiti]
7	seven ['säwən]		90	ninety ['nainti]
8	eight [äit]		100	(one) hundred [('wan) 'handrəd]
9	nine [nain]		200	two hundred ['tuh 'handrəd]
10	ten [tän]		1000	(one) thousand [('wan) θausənd]
11	eleven [i'läwn]		2000	two thousand ['tuh θausənd]
12	twelve [twälw]		10 000	ten thousand ['tän θausənd]
13	thirteen [θör'tihn]		1/2	a/one half [ə/wan 'hahf]
14	fourteen [fohr'tihn]		1/4	a/one quarter [ə/wan 'kwohtə]

REISEATLAS

▰▰▰ Verlauf der Erlebnistour „Perfekt im Überblick"
▰▰▰ Verlauf der Erlebnistouren

Der Gesamtverlauf aller Touren ist auch in
der herausnehmbaren Faltkarte eingetragen

Bild: Die Wüste Rub al-Khali in Abu Dhabi

Unterwegs in den VAE

Die Seiteneinteilung für den Reiseatlas finden Sie auf dem hinteren Umschlag dieses Reiseführers

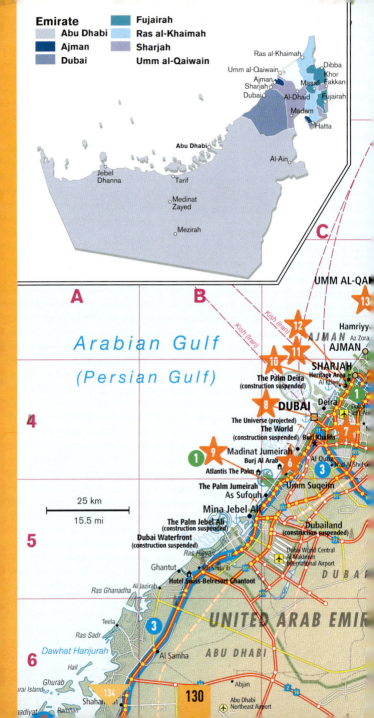

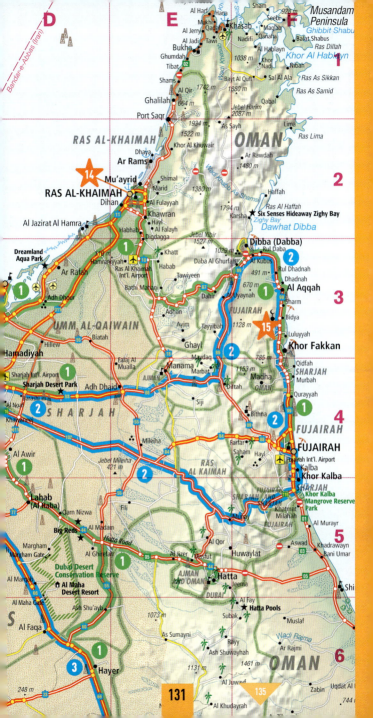

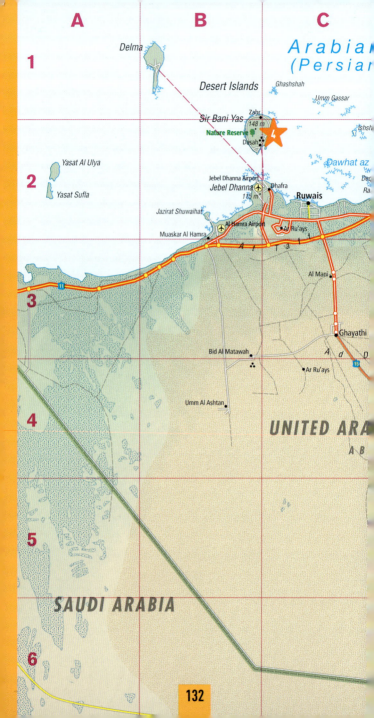

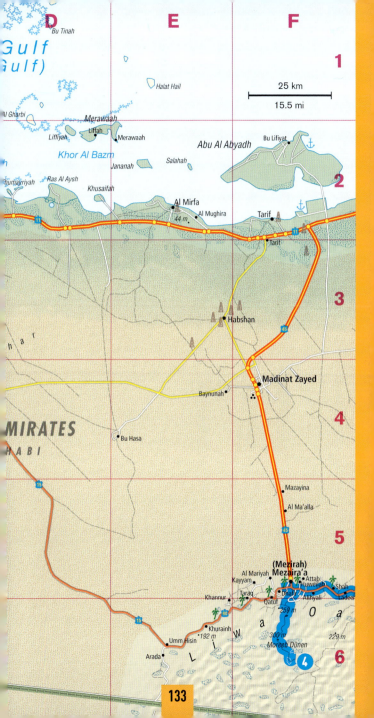

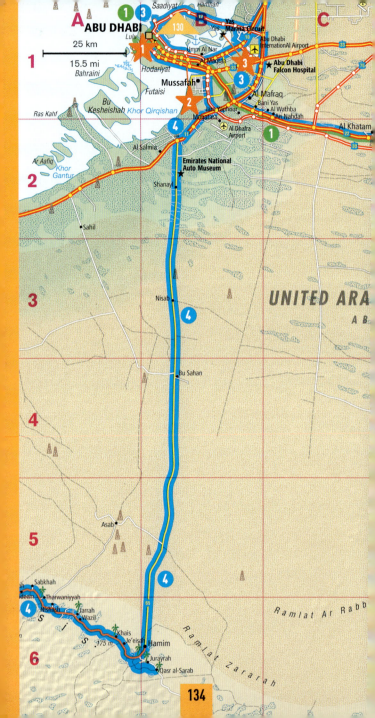

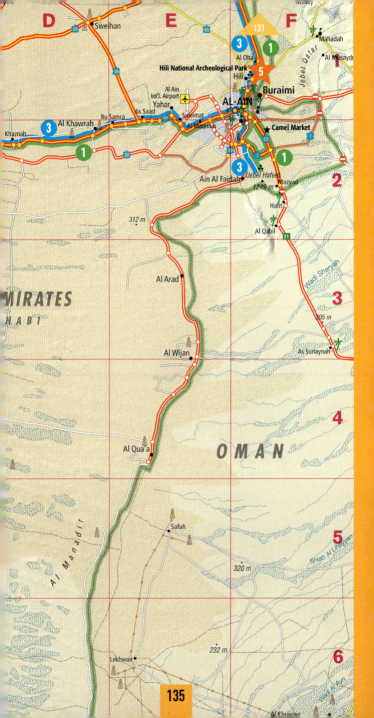

KARTENLEGENDE

══⊙══	Motorway with junction / Autobahn mit Anschlussstelle
══○══	Dual carriage-way with junction / Schnellstraße mit Anschlussstelle
━━━━	Highway / Fernstraße
────	Main road / Hauptstraße
------	Other road / Nebenstraße
▬ ▬ ▬	Non-asphalted road / Straße, nicht befestigt
────	Carrige way / Fahrweg
- - - -	Dirt track / Piste
═ ═ ∷	Road under construction; scheduled / Straße in Bau; geplant
×—×—×	Closed road / Straße für Kfz gesperrt
⇒)━(⇐	Tunnel
──────	Railway / Eisenbahn
──⛴──	Ferry, shipping route / Fähre, Schiffsverbindung
────	Channel / Kanal
▬ ▬ ▬	National border / Staatsgrenze
────	Emirate border / Provinzgrenze
—•——•—	Pipeline
/////////	National park; nature reserve / Nationalpark; Naturpark
/////////	Prohibited area / Sperrgebiet
⚓	Harbour / Hafen
✈	International airport / Internationaler Flughafen
✈ ✈	National airport, airfield / Nationaler Flughafen; Flugplatz
♜ ♖	Fort, castle; ruin / Fort, Festung; Ruine
★ Ⓜ	Sightseeing; Museum / Sehenswürdigkeit; Museum
☪ ∴	Mosque, archeological site / Moschee; Archäologische Stätte
⬛ ⬛	Tower; lighthouse / Turm; Leuchtturm
⛲ ∩	Waterfall; cave / Wasserfall; Höhle
▲)(	Mountain top; pass / Berggipfel; Pass, Joch
🏖 ♨	Beach; hot spring / Badestrand; Heiße Quelle
⛔	Border crossing / Grenzübergang
🌴 🎣	Oasis; sea-angling / Oase; Hochseefischen
ⓘ 🎭	Information; theatre / Information; Theater
⛳ 🐘	Golf course; zoo / Golfplatz; Zoo
ⓒ 🔭	Camping; viewpoint / Campingplatz; Aussichtspunkt
🏨 ⊕	Hotel, resort; hospital / Hotel, Resort; Krankenhaus
✱ ✉	Police; post / Polizei; Post
🚌 ♦	Busstation; monument / Busbahnhof; Denkmal, Monument
▬▬▬	MARCO POLO Discovery Tour 1 / Erlebnistour 1
▬▬▬	MARCO POLO Discovery Tours / Erlebnistouren
★1	MARCO POLO Highlight

FÜR IHRE NÄCHSTE REISE ...

ALLE **MARCO POLO** REISEFÜHRER

DEUTSCHLAND
Allgäu
Bayerischer Wald
Berlin
Bodensee
Chiemgau/
Berchtesgadener Land
Dresden/
Sächsische Schweiz
Düsseldorf
Eifel
Erzgebirge/
Vogtland
Föhr & Amrum
Franken
Frankfurt
Hamburg
Harz
Heidelberg
Köln
Lausitz/Spreewald/
Zittauer Gebirge
Leipzig
Lüneburger Heide/
Wendland
Mecklenburgische Seenplatte
Mosel
München
Nordseeküste Schleswig-Holstein
Oberbayern
Ostfriesische Inseln
Ostfriesland/Nordseeküste Niedersachsen/Helgoland
Ostseeküste Mecklenburg-Vorpommern
Ostseeküste Schleswig-Holstein
Pfalz
Potsdam
Rheingau/
Wiesbaden
Rügen/Hiddensee/
Stralsund
Ruhrgebiet
Schwarzwald
Stuttgart
Sylt
Thüringen
Usedom
Weimar

ÖSTERREICH SCHWEIZ
Kärnten
Österreich
Salzburger Land
Schweiz
Steiermark
Tessin
Tirol
Wien
Zürich

FRANKREICH
Bretagne
Burgund
Côte d'Azur/
Monaco
Elsass
Frankreich
Französische Atlantikküste
Korsika
Languedoc-Roussillon
Loire-Tal
Nizza/Antibes/
Cannes/Monaco
Normandie
Paris
Provence

ITALIEN MALTA
Apulien
Dolomiten
Elba/Toskanischer Archipel
Emilia-Romagna
Florenz
Gardasee
Golf von Neapel
Ischia
Italien
Italienische Adria
Italien Nord
Italien Süd
Kalabrien
Ligurien/
Cinque Terre
Mailand/
Lombardei
Malta & Gozo
Oberital. Seen
Piemont/Turin
Rom
Sardinien
Sizilien/
Liparische Inseln
Südtirol
Toskana
Venedig
Venetien & Friaul

SPANIEN PORTUGAL
Algarve
Andalusien
Barcelona
Baskenland/
Bilbao
Costa Blanca
Costa Brava
Costa del Sol/
Granada
Fuerteventura
Gran Canaria
Ibiza/Formentera
Jakobsweg
Spanien
La Gomera/
El Hierro
Lanzarote
La Palma
Lissabon
Madeira
Madrid
Mallorca
Menorca
Portugal
Spanien
Teneriffa

NORDEUROPA
Bornholm
Dänemark
Finnland
Island
Kopenhagen
Norwegen
Oslo
Schweden
Stockholm
Südschweden

WESTEUROPA BENELUX
Amsterdam
Brüssel
Dublin
Edinburgh
England
Flandern
Irland
Kanalinseln
London
Luxemburg
Niederlande
Niederländische Küste
Schottland
Südengland

OSTEUROPA
Baltikum
Budapest
Danzig
Krakau
Masurische Seen
Moskau
Plattensee
Polen
Polnische Ostseeküste/
Danzig
Prag
Slowakei
St. Petersburg
Tallinn
Tschechien
Ungarn
Warschau

SÜDOSTEUROPA
Bulgarien
Bulgarische Schwarzmeerküste
Kroatische Küste Dalmatien
Kroatische Küste Istrien/Kvarner
Montenegro
Rumänien
Slowenien

GRIECHENLAND TÜRKEI ZYPERN
Athen
Chalkidiki/
Thessaloniki
Griechenland Festland
Griechische Inseln/
Ägäis
Istanbul
Korfu
Kos
Kreta
Peloponnes
Rhodos
Samos
Santorin
Türkei
Türkische Südküste
Türkische Westküste
Zákinthos/Itháki/
Kefaloniá/Léfkas
Zypern

NORDAMERIKA
Chicago und die Großen Seen
Florida
Hawai'i
Kalifornien
Kanada
Kanada Ost
Kanada West
Las Vegas
Los Angeles
New York
San Francisco
USA
USA Ost
USA Südstaaten/
New Orleans
USA Südwest
USA West
Washington D.C.

MITTEL- UND SÜDAMERIKA
Argentinien
Brasilien
Chile
Costa Rica
Dominikanische Republik
Jamaika
Karibik/
Große Antillen
Karibik/
Kleine Antillen
Kuba
Mexiko
Peru & Bolivien
Yucatán

AFRIKA UND VORDERER ORIENT
Ägypten
Djerba/
Südtunesien
Dubai
Israel
Jordanien
Kapstadt/
Wine Lands/
Garden Route
Kapverdische Inseln
Kenia
Marokko
Namibia
Rotes Meer & Sinai
Südafrika
Tansania/Sansibar
Tunesien
Vereinigte Arabische Emirate

ASIEN
Bali/Lombok/Gilis
Bangkok
China
Hongkong/Macau
Indien
Indien/Der Süden
Japan
Kambodscha
Ko Samui/
Ko Phangan
Krabi/
Ko Phi Phi/
Ko Lanta
Malaysia
Nepal
Peking
Philippinen
Phuket
Shanghai
Singapur
Sri Lanka
Thailand
Tokio
Vietnam

INDISCHER OZEAN UND PAZIFIK
Australien
Malediven
Mauritius
Neuseeland
Seychellen

Viele MARCO POLO Reiseführer gibt es auch als eBook – und es kommen ständig neue dazu!
Checken Sie das aktuelle Angebot einfach auf: www.marcopolo.de/e-books

REGISTER

In diesem Register sind alle im Reiseführer erwähnten Orte, Sehenswürdigkeiten und Ausflugsziele sowie einige wichtige Sachbegriffe aufgeführt. Gefettete Seitenzahlen verweisen auf den Haupteintrag.

Abaya 38
Abu Dhabi 14, 15, 16, 18, 19, 22, 23, 26, **32**, 34, 95, 106, 108, 110, 111, 114, 118, 120, 122, 123
Abu-Dhabi-Stadt **33**, 102, 104, 109
Ain al-Madhab 90
Ajman 15, 16, 72, **73**, 77, 97, 109
Ajman Museum 74
Al Wahda Mall 35
Al-Ain 22, 32, 36, **44**, 96, 103, 108, 122
Al-Ain Oasis 46
Al-Ain Zoo 46, 111
Al-Arsah-Souk 61
Al-Bidyah Mosque **91**, 98, 100
Al-Dhaid 22, 72, 99
Al-Dhayah Fort 84
Al-Hisn (Sharjah Fort) 63
Al-Jahili Fort **46**, 96
Al-Jazirah Al-Hamra Fort 84
Al-Khor Corniche 52
Al-Labsa Camel Race Track 77
Al-Mamzar Beach Park 119
Al-Marjan Island 78
Al-Sinniyah 77
Antilope 13, 44, 46
Antiquitäten 30, 68
Aquarium 41, 55, 66, 71, 110
Aquaventure **56**
Archaeological Museum, Sharjah 64
Arts Area 31, 61, 62, **64**
Atlantis 54, 56
Bahrain 118
Bait Al-Nahboodah 64
Bait Sheikh Saeed Bin Hamad al-Qasimi 88
Big Red 59, 103
Buhairah Corniche 64
Bur Dubai 14
Buraimi 22, **49**
Burj Al Arab **52**
Burj Khalifa **53**, 57, 97
Camel Market 46, 96
Camelrace Course 82
Corniche Beach 41
Corniche Park 35, 103
Creek, Dubai 14, 50, 52
Cultural Foundation, Abu Dhabi 35
Datteln **20**, 44, 86
Dhau **21**, 36, 52, 68, 77, 80, 93

Dhow Harbour, Abu Dhabi 36
Dibba 60, **91**, 93, 98, 100, 109
Digdagga 78, 83
Dreamland Aqua Park 113
Dromedar 17, **23**
Dubai 14, 15, 16, 19, 20, 23, 26, 30, 31, 34, 43, **50**, 60, 64, 70, 97, 102, 107, 110, 114, 118, 120, 121, 122, 123
Dubai Aquarium 97
Dubai Fountain 53
Dubai Lake 53
Dubai Mall 53, **55**, 57, 97
Dubai Museum 53
Dubai-Stadt 51
Eislaufen 108
Emirates National Auto Museum 105
Emirates Palace 16, 34, 35, **36**, 48, 96, 103
Erdgas 60
Erdöl 13, 14, 16, 43, 50, 60, 78, 86
Falaj **22**, 36
Falaj al-Mualla 73, 77
Falke 17, **22**, 92, 111, 115
Ferrari World 34, 39
Fischmarkt 36
Formel-1-Strecke 34, 39
Fort Al-Khandaq 49
Fujairah 16, **86**, 118, 121, 122, 123
Fujairah Fort 88
Fujairah Museum 89
Fujairah-Stadt **88**, 98, 101
Gold Souk 31
Hajar-Gebirge 16, 17, 59, 60, 79, 85, 86, 88, 99
Hamim 105
Hatta 22, **59**, 97, 122
Hatta Pools 59, 97
Heritage & Diving Village, Dubai **53**
Heritage Village, Abu Dhabi 22, 35, **36**, 95
Heritage Village, Fujairah 89
Hili Archaeological Park **46**, 103
Islam **23**, 29, 66
Jazirah (Luna) Park 69
Jebel Hafeet 44, 48, **49**, 97, 103
Julfar 81
Jumeirah Mosque 54
Kalba 60, 87, 92, 101
Kalba Bird of Prey Centre **92**
Kalligrafie 66, 67

Kamel 13, 17, **23**, 46, 53, 77, 82, 110, 115
Kamelrennen 24, 82
Khatt Springs 83, 84, **85**
Khor Kalba 60, 70, 87, **92**, 101, 107
Khorfakkan 60, 87, **92**, 100, 109, 121
Liwa-Oasen 33, **43**, 104
Louvre Abu Dhabi 38, 103
Madinat Zayed Shopping Mall 40
Mahatta Museum 65
Majlis al-Midfa 65
Mall of Arabia 30
Mall of the Emirates **55**
Manama 72
Mangroven 44, 70, 72
Marina Mall 35, **40**
Maritime Museum 65
Masafi 29, 93, 99
Masdar 25, 34
Masfout 72
Mezirah 105
Mocktails 23, 29
Mode 31
Moreeb Hill 105
Musandam 78, 85, 91, **93**
Museum of Islamic Civilization 61, **65**
National Museum, Al-Ain 45
National Museum, Ras al-Khaimah 81, 98
Oman 49, 78, 91, 120
Palace Museum, Al-Ain 46
Palm Jebel Ali 15
Perlentauchen 53, 86
Pferd **23**, 115
Qanat al-Qasba 64
Ramadan 114, 140
Ras al-Kaimah 118
Ras al-Khaimah 16, **78**, 98, 107, 109, 118, 120
Ras Al-Khaimah-Stadt 79
Rub al-Khali 25, 43, 104
Saadiyat 37, 103
Shams 85
Sharjah 15, 16, 29, 30, 31, **60**, 72, 86, 87, 91, 92, 97, 99, 106, 108, 109, 115, 120, 121, 123, 140
Sharjah Aquarium 66
Sharjah Art Museum 66
Sharjah Calligraphy Museum 66
Sharjah Desert Park **71**, 97, 99, 113
Sharjah National Park 69

Sharjah-Stadt 61
Sheikh Zayed Grand Mosque 15, 35, **38**, 95, 103
Shimal (Shamal) 81
Shisha 24
Sir Bani Yas 44
Ski Dubai 56
Snoopy Island 92, 109
Souk 13, **30**, 36, 49, 55, 68, 85, 97
Souk al-Arsah 97
Souk Madinat Jumeirah 56
Spa 41, 43, 44, 75, 83, 91, 92, 93
The Palm 56
The Palm Jumeirah 54, 97, 109
The World 15, 52
Umm al-Qaiwain 15, 16, 72, **75**, 78, 98
Umm al-Qaiwain Museum 76
Umwelt 25
Wadi Bih 85
Wild Wadi Water Park **112**
Windturm 15, 53, 65, 80, 81
Wonderland 113
Wüste 17, **25**, 43, 44, 59, 106
Yas Island 34, 35, **39**, 103, 111
Yas Marina Circuit 39, 48
Yas Waterworld 111

SCHREIBEN SIE UNS!

Egal, was Ihnen Tolles im Urlaub begegnet oder Ihnen auf der Seele brennt, lassen Sie es uns wissen! Ob Lob, Kritik oder Ihr ganz persönlicher Tipp – die MARCO POLO Redaktion freut sich auf Ihre Infos.

Wir setzen alles dran, Ihnen möglichst aktuelle Informationen mit auf die Reise zu geben. Dennoch schleichen sich manchmal Fehler ein – trotz gründlicher Recherche unserer Autoren/innen. Sie haben sicherlich Verständnis, dass der Verlag dafür keine Haftung übernehmen kann.

MARCO POLO Redaktion
MAIRDUMONT
Postfach 31 51
73751 Ostfildern
info@marcopolo.de

IMPRESSUM
Titelbild: Abu Dhabi, Sheikh Zayed Moschee (Große Moschee) (Schapowalow/4Corners: Kav Dadfar)
Fotos: G. Amberg (30/31); Arabian Ranches Golf Club: Mike Klemme (18 o.); DuMont Bildarchiv: Heimbach (86/87); Fasateen- Zareeana (18 M.); R. Freyer (32/33, 45, 60/61, 65, 72/73, 80, 88, 116 u.); R. M. Gill (7, 8, 10, 28 l., 28 r., 47, 82/83, 93, 110/111, 113); R. Hackenberg (100); huber-images: Borchi (112), M. Borchi (18 u., 54), Gräfenhahn (117), R. Mirau (17, 50/51), B. Morandi (15), Pavan (62), M. Rellini (4 o.), Schmid (12/13, 30, 40, 42, 68), R. Schmid (4 u.), G. Simeone (2, 5); © iStockphoto: Madeleine Openshaw (19 u.); M. Kirchgessner (6, 25, 26/27, 58/59, 114/115, 115); Laif: Krause (29, 114), T. Linkel (78/79), Martin (22), Sasse (31), M. Sasse (74, 91); Laif/REA/Financial Times: Bibby (38); Look/age fotostock (34); mauritius images/Alamy (3, 9, 56), L. Mortula (Klappe r.), Philius (88), J. Tack (37); mauritius images/Imagebroker: M. Bail (94/95); mauritius images/imagebroker: Gerhard (49); mauritius images/Imagebroker: D. Kreher (20/21); mauritius images/imagebroker: Karl F. Schöfmann (Klappe l.), Tack (11, 104); mauritius images/Imagebroker: J. Tack (106/107), S. Westermann (128/129); mauritius images/Prisma: J. Held (52); mauritius-images/Alamy: I. Masterton (66); mauritius images/imagebroker: Tack (116 o.); D. Renckhoff (71, 76, 84, 108); Charlene Rennit/Kwame Busia (19 o.); Schapowalow/4Corners: Kav Dadfar (1 o.); M. Wöbcke (1 u.)

4. Auflage 2017
Komplett überarbeitet und neu gestaltet
© MAIRDUMONT GmbH & Co. KG, Ostfildern
Chefredaktion: Marion Zorn; Autor: Manfred Wöbcke; Redaktion: Arnd M. Schuppius
Verlagsredaktion: Lucas Forst-Gill, Susanne Heimburger, Tamara Hub, Nikolai Michaelis, Kristin Schimpf, Martin Silbermann; Bildredaktion: Gabriele Forst
Im Trend: wunder media, München; Manfred Wöbcke
Kartografie Reiseatlas und Faltkarte: DuMont Reisekartografie, Fürstenfeldbruck; © MAIRDUMONT, Ostfildern
Gestaltung Cover, S. 1, S. 2/3, Faltkartencover: Karl Anders – Büro für Visual Stories, Hamburg; Gestaltung innen: milchhof:atelier, Berlin; Gestaltung Erlebnistouren: Susan Chaaban Dipl.-Des. (FH)
Sprachführer: in Zusammenarbeit mit Ernst Klett Sprachen GmbH, Stuttgart, Redaktion PONS Wörterbücher

Das Werk einschließlich aller seiner Teile ist urheberrechtlich geschützt. Jede urheberrechtsrelevante Verwertung ist ohne Zustimmung des Verlags unzulässig und strafbar. Das gilt insbesondere für Vervielfältigungen, Übersetzungen, Nachahmungen, Mikroverfilmungen und die Einspeicherung und Verarbeitung in elektronischen Systemen. Printed in China

MIX
Paper from
responsible sources
FSC® C011918

BLOSS NICHT 👎

Auch in den Emiraten gibt es Dinge, die man besser meidet

FAMILIENURLAUB IM SOMMER

Während der Sommermonate wird es weit über 40 Grad heiß, und man verbrennt sich selbst auf dem Weg ins Wasser die Füße im Sand. Für Kinder ist dann ein Aufenthalt in den Emiraten eine Qual. Wenn Sie also die hohen Rabatte nutzen wollen, die die Hotels im Sommer offerieren, sollten Sie auf jeden Fall die Kinder zu Hause lassen.

BAUCHFREI UNTERWEGS IN SHARJAH

Nach den geltenden Bestimmungen ist es im Emirat Sharjah nicht erlaubt, in Strandbekleidung (d. h. etwa im Bikini-Oberteil oder mit Badeanzug und Rock) oder anderweitig „anstößig" in der Stadt unterwegs zu sein; es drohen Geldstrafen und im schlimmsten Fall sogar Arrest.

MIT ZU VIEL ALKOHOL AUFFALLEN

In den Emiraten serviert man in einigen Restaurants und im Hotel jeden gewünschten Drink. Die dürfen Sie genießen. Jedoch: Wer alkoholisiert auffällt, muss mit Problemen bis hin zu Gefängnis rechnen.

IM RESTAURANT DEN TISCH SELBST SUCHEN

Selbst in kleinen, einfachen asiatischen Restaurants: Steuern Sie lieber nicht ungefragt auf einen Tisch zu, sondern lassen sich einen (auch Ihrer Wahl) zuweisen. Das kommt besser an, weil es alle so machen.

BEIM ABENDBUMMEL DEN PASS VERGESSEN

Bars und Diskotheken dürfen nur von Personen über 21 Jahren besucht werden. Einige Nachtclubs kontrollieren den Pass eines jeden Gastes.

ALLEIN IN DIE WÜSTE FAHREN

Wer mit dem Mietwagen ohne Vierradantrieb unterwegs ist, sollte die Straße nicht verlassen und in die Wüste hineinfahren. Der Sand ist zwar flach und scheint fest, aber die weichen „Löcher" erkennt man als Fremder nicht. Plötzlich sitzt man fest, der PKW liegt auf.

WÄHREND DES RAMADANS REISEN

Das öffentliche Leben ist während des jährlichen Fastenmonats stark eingeschränkt. Geschäfte und Restaurants öffnen erst nach Sonnenuntergang, die Hotellobby ist leer, Taxis nur schwer zu bekommen. Zu essen und zu trinken gibt es oft erst nach Einbruch der Dunkelheit – oder vom Zimmerservice.

WADI BASHING

Mit Geländewagen werden Touren querfeldein durch die Wüste und in die Wadis unternommen und dabei Wüstenpflanzen zerstört, die auf dem kargen Boden nur mühsam gedeihen – Vergnügen auf Kosten der Natur.